おいらの夢は

学校の先生！

できるまで、やってみよう！
～元気・根気・勇気～

對木 佳史

先生という存在

山本寛之

　1980年9月から1981年3月までテレビ朝日で放映された「サンキュー先生」（私は音楽・主題歌等を担当）というテレビドラマがあった。

　西田敏行さん扮する主人公・石松鈍器は、元大学の助教授であったが、教授の不正が許せず暴力を振るって辞職させられてしまう。

　その後、故郷小田原に戻り、産休補助教員として小学校に赴任する。そこで、先生として子供たちに接するが、その姿勢や子供たちに対する思い、そして不器用な熱血ぶりが、著者の對木先生に重なるのである。

　小学生にとって先生の存在は大きい。考えようによっては子供たちの将来まで方向づけしてしまう可能性があるのである。

　本書によって、先生という存在の偉大さを理解してもらえたら嬉しく思う。

山本寛之

河島英五／橋幸夫／堀内孝雄／財津一郎／デューク・エイセス／ダイアモンド☆ユカイ／吉幾三／三山ひろし等17人の各界著名人が歌った『野風増』の作曲で有名だが、その他、多数のヒット曲をもつ。ちなみに「サンキュー先生」の主題歌「風見鶏こっち向いた」は、作詞：みなみらんぼう／作・編曲：山本寛之／唄：西田敏行である。

子供たちにとっての先生

　私の少年時代は病弱でした。その私を救ってくれた医師に憧れ、当時は医学の道を志しておりました。

　ところが、ある日ある言葉に出会って、私の考えは変わってしまったのです。それは、中国の文学者・魯迅の『肉体の傷を治すより、心の傷を治すべきだ』という言葉です。その時点で、私は医者から表現者になりたいと思うようになりました。

　本書の著者・對木佳史先生は当初銀行マンでした。ところが、そのあと教師を目指します。

　未来を担う子供たちにとって学校の先生の役目は、とても重要です。

　本書を読むと、對木先生の熱中度が、とてもよくわかります。多くの方々に読んでいただきたいと思います。

あるテレビ局で、出演者と共に
撮影の合間に撮った写真

佐藤重直

早稲田大学文学部卒。国際放映入社。1971年日活へ。「熱中時代」「俺たちの旅」「ゆうひが丘の総理大臣」等を大ヒットさせた監督。その後も、若者たちに問いかける映画「青春のしおり」などを手がける。現在、かつての大物俳優との交友録を執筆中。日本映画監督協会理事。

はじめに

大学を卒業して、金融機関の仕事に就いた。とても意義のある、やりがいのある仕事であった。わずか1年にも満たない短い期間であったが、多くのことを学んだ。この体験だけでも1冊の本になる。

その後、社会に出て、新たに「教職に就きたい。小学校の先生になりたい」という夢が膨らんできた。そして、大学の通信教育で、小学校教諭の免許取得を目指し、合わせて採用試験の勉強を始めた。それは25歳であった。

戦後「でも、しか（先生にでもなるか、先生にしかなれない）先生」と言われた時代があった。つまり、教師になるのは、それほど困難なことではなかったということだ。それが今では「ブラック」と言われ「なりて」がいなくて困っている。

おいらが目指した頃（1980年代）は「ほど、まで（教師ほど難関な試験、教師にまでなった）先生」と言われていた。採用がほとんどなかったのだ。

さて、問題山積である今の教職の世界……何故なのだろう。唯一絶対の創造的な本来素晴らしいやりがいのある職業であるはずなのに。

子供たちは、家庭・学校・社会で育つと言われる。家庭や社会生活における目まぐるしい進歩と比較したら、本来、一番変わっていないであろう学校が今、危機的状況であるという。

おいらは、小学校の教師であった。だから、目の前にいる子供たちと教育活動を展開していくのが使命であり、それは幸せ

なことであった。

　そして、目の前にいるのは、子供たちばかりではなく、その後ろに父母の姿があった。おいらは、父母の方から多くのお手紙を頂いた。その全てを保管している。その内容は、相談・叱咤・激励・感謝・お礼等多岐にわたっている。

　今回、この著書で、教師になって本当に良かった。と思えた教育活動や悩みぬいたことをお伝えしていくことにする。

　その意図は、世の中で唯一絶対の創造的な活動である教職の素晴らしさを一人でも多くの方に知っていただきたいことと、時代が移り、世の中がどう変化しようとも、将来の夢は？　と問うと必ず「学校の先生」という答えが返ってくる。いつまでも、そんな日本の社会であってほしいと願っているからである。

　では、夢とは？　学校の先生とは？

　ここで、一つ確認しておきたいことがある。

　小学校の先生になることは、おいらの夢であった。ここでいう先生の確認をしておきたい。学校の先生といった時、みなさんは、どんなことを思い浮かべるか？

　おいらが思い浮かべるのは、目の前に多くの子供たちがいて、勉強をしたり、おしゃべりをしたり、遊んだりしている姿である。

　でも、実際の学校には、校長先生や教頭先生、給食担当の方、保健の先生、校務の方や事務の方等いろいろな方々がいるし、学年主任や研究主任、体育主任、安全担当等、多くの分掌がある。

　つまり、実際に先生・教師になってみると、目の前の子供たちだけではない多くの方達との仕事関係がある。教頭先生に

なった場合には、連日、夜遅くまで仕事をし、土・日もなし。自分の家族、家庭を犠牲にして成り立っている現実がある。

　おいらのいう学校の先生とは、目の前の子供たちとの関わり、そのもののことである。それ以外のことでは、なるほどブラックと言われても仕方のない現実や理不尽なことも事実として多々ある。

　そういった問題点は本書の夢の概念からは少しはずれるので、別章（コラム）「ふと思ったこと」で触れることにした。

　もう一つ初めにお伝えしたいことがある。それは、例えば小学校でいえば、新任であろうと30年目のベテランであろうと担任になれば、同じ責任において同じ内容の職務だということである。これは、他の職業と比較すると大変厳しいものがある。

　例えば、一般的にイメージする会社であれば、平社員〜主任〜課長〜部長と段階があり、仕事内容も立場も責任の比重も異なるであろう。

　しかし、学校の担任は、1年目であろうが、30年目であろうが、同じ教師として親からも社会からも見られる。そういったことは、実際になってみなければ中々わからない。体験に勝るものはなしである。

　おいらの目的は、時代が移り、世の中がどう変化しようとも「将来の夢は？」と問うた時「学校の先生になりたい」という答えが多くの方々から返ってくる、そんな社会である。それを心から願って、本書をお届けする。

【目　次】

第1章

金融マンから小学校の教師へ

就　活

「先輩、会社訪問しないんですか？」

　夏休み明けの９月、今でいう「就活」が始まっても、おいらは相変わらず喫茶店に入り浸っていた。

　何で、皆リクルートスタイルになり、就活するのだろう？　できるのだろう？　おいらは、何をしたいのかわからなかった。

　大学の４年間は、ほとんどの時間を武道の稽古に費やした。おいらはブルース・リーに憧れ、中国拳法や日本古武術を街の道場で学んでいた。

「先輩、金融機関なんか、絶対向いてませんよね」

「そうか、じゃ銀行員にでもなるか」

「優、いくつあります？」

「２つ。可山優三にもなれなかった」

「じゃあ、無理ですよ。金融機関は、優が最低20は必要ですよ」

「誰がそんなこと決めた？」

　母に会社訪問に行くと言ったら大そう喜んで「背広（今でいうスーツ）を買いに行こう」と。「いいよ、高校の時の学生服で」

　おいらは、学生服で、武術の免状を片手に会社訪問をした。

　その会社は、それまでは入社試験（ペーパー試験）が難しいとの評判であったが、おいらが訪問した年からは、ペーパー試験を廃止し、面接を７回実施するようになった。そのほうが、預金を多く集める人材を採用できるのではと考えたようだ。

　結果は、あれよあれよという間に、課長〜部長〜専務との面

接を通過し、理事長面接で内定を頂き、大学卒業と同時に金融マンになった。

　町田支店の得意先課に配属され、毎日スーパーカブに乗って、町中を疾走した。何故か、預金もおもしろいように集まり、仕事も楽しかった。

　ただ、仕事だけの日々のため、それまでのライフワークであった中国拳法と日本古武術の稽古をする時間が皆無となってしまった。

　その年の冬、仕事に埋没している自分に疑問を感じ、自主退職し台湾の陳炎順老師の元へ行ってしまう。

陳 炎順老師（左）と西郡多喜雄師匠

　　著者は、両師より少林金鷹拳の教練の称号を授かる。

台湾から帰国

　帰国し、それまでのアルバイト経験から、予備校の講師をしていたことを思い出し、学校の先生になりたいという想いが湧き出てきた。

　おいらにとって、予備校の子供たちと授業をしている時間は、仕事をしている感覚がなく、とにかく楽しかった。

　仕事とは、基本、労働をし、その対価として報酬をもらうものであろう。

　乳製品の冷蔵倉庫で、夜勤のアルバイトをしている時など、夜10時に冷蔵倉庫に入り「早く朝の7時にならないかなあ」とか、朝の終業時刻になると「これで5千円か」と思ったものである。

　時々、スーパーでその乳製品を見かけると「俺が運んだのかな？」などと思ったりもした。何でも、体験しておくものだと思う。

　でも、予備校の講師や家庭教師をしている時には、時間やお金のことなどほとんど意識することなく、子供たちとの学習に取り組むことができた。

　おいらという人間は、人に何か教えるような仕事が合っているのかもしれないと、そのころ思った。

　おいらの学生時代は、金八先生の前の水谷豊主演『熱中時代・小学校編（1978年〜1979年）』であり、金曜の夜は毎週見ていたものだ。その前の村野武範主演の『飛び出せ！青春』も良

かった。そんな影響もあってか、小学校の教師になりたいと強く思うようになった。

　小学校の教師になるには、教員免許状を取得して、採用試験に合格する必要がある。そこで、教員免許状を玉川大学の通信教育で取得し、採用試験を受けるため、25歳のとき1日12時間の試験勉強を始めた。

　失業保険も6か月間頂いた。月9万円ほどだったと記憶している。このことも、良い経験になった。まだ、ハローワークという言葉もなく、毎月給料から950円ほど失業保険手当として、自動的に差し引かれていた記憶がある。

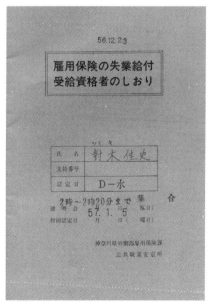

失業給付のしおり

会社を自主退職してしばらくしたら、玉川大学文学部教育学科（通信課程ではない）出身で、小学校教師をあきらめ民間企業に就職した知り合いに会い、次のような衝撃的な言葉を聞かされた。

「今は、まず小学校の教師にはなれないね。採用試験には受からないよ。だいたい玉川大学の通信課程では、1年間で教員免許取得の割合は40％だよ」

　40％しか取得できない。否、40％は取得できる。採用もされないわけではない。とまれ、小学校の教師になるのには大変厳しい時代であった。国立の教育学部など教育学部自体が消滅してしまった。何故なら、教育学部を出ても教師になれないかららしい。

　そんな厳しい中に身を置いて感じたことは、試験勉強とは、記憶し再現する能力であるということである。（これは、学力の一部であり、自ら思考する学力・能力などは、あまり必要としない）徹底的に記憶し、記憶したページから「俺は銀行員だった」と、印鑑を押していった。

記憶し再現する学習で、判断される私達

　ここから、少しおいらの事を述べる。

　その後の教師という職業を述べていくうえで、かなり重要な
バックボーンとなりえますので。

　高校時代のおいらには大きく2つの夢があった。

　1つは、自転車での日本一周だった。大学生になったら「自
転車で日本一周をしたい」という夢があり、そのために往復2
時間の超遠距離自転車通学をしていた。

　本来は、電車とバスと徒歩で通うところを雨の日でも自転車
で通った。（ツール・ド・フランスの王者）エディ・メルクス
使用モデルが当時ミヤタから販売されていた。

　もちろん、高校生のおいらに手の届くような値段ではない。
でも、おいらは、次のようなアイデアでその名車をゲットした。

　父と母に

「3年間の高校生活にかかる通学定期代が、24万円です。自
転車は8万円。3台買えるよね。3年間、自転車通学するので、
8万円の自転車を買ってください」

　言ったおいらもおいらだと思うが、買ってくれた親もたいし
たものだ。

　バレーボール部やブラスバンド部にも所属し、授業以外の活
動には自主的によく取り組んでいた。

　しかし、途中で「燃えよ！ドラゴン」の映画を見てからは、
頭の中は、ブルース・リー一色になってしまった。

おいらの高校時代は、勉強などしている暇などないほど、変な言い方になるが、充実した日々であった。

　19歳で、中国拳法の道場に入門してからの大学の４年間は、勉強はほとんどしなかった。代わりに、例えば書店にある武道書は全ておいらの部屋にあった。

　もしかすると、勉強は必死でしていたのかもしれない。武道の勉強を。

　当時は、まだホームビデオなどなく「燃えよ！ドラゴン」は、映画館で３６回見た。

　おいらは、一浪して大学に入った。高校を卒業して入ったのは、天下の代々木ゼミナール（予備校）である。

　代ゼミでは、毎週土曜日に模擬試験があった。そして、第５志望の大学まで、記入する欄があった。おいらはいつも、第５志望に偏差値の最低ランクの大学名を記入した。そして、その結果は「志望校検討の要あり」であった。

　また、総合順位は３万５千人中３万番くらいであった。俺よりできない奴が５千人もいる。

懐かしき当時の定期券

　それから6年後、教員採用試験にも模擬試験があり、受験
した。志望は、第1志望＝神奈川県、第2志望＝東京都と記
入した。結果は「絶対合格」順位は、2016名中6番であった。
　どうしても小学校の教師になりたい一心で、必死で暗記（本
来の勉強でも学習でもないと思う）した結果である。この経験
は、実際に教師になってからも大いに役立った。
　もう1つ、どうしても記しておきたいことがある。小学校の
教師になるには、通常偏差値の高い高校へ行き真面目に努力し
て、将来は教師になるという希望を18歳でもち、国立の教育
学部、あるいは、私立の初等教育学科で学ぶ方が多いと思う。
　しかし、おいらなど高校卒業の時など頭の中はブルース・リー
一色で、教師になろうなどとは、とても思える状態ではなかっ
た。
　そんなおいらが、とにかく小学校教師になるためには、採用
試験に合格することが絶対条件であり、そのために、２５歳の
1年間は毎日12時間の試験勉強をした。
　その時あることに気づいた。端的にいえば、興味があろうが
なかろうが、試験範囲の内容を記憶し再現できればいいのだと
いうことを。
　記憶し再現する学習には、教師はいらなかった。参考書があ
れば充分であった。しかしそれは、それまで好きなことしかし
てこなかったおいらにとっては無味乾燥なつまらない作業のよ
うなものであった。

教師になるために

　どこの大学のどんな学部であっても、何歳であっても、大学卒業資格と教員免許状、そして採用試験に合格すれば教師になれる。ある意味、今の日本の中では中々平等な仕組みである。男女とも全く平等である。

　しかし、昼間の教育学部に籍をおくのと違って、通信課程で教員免許を取得することは並大抵のことではない。

　ここで、免許取得のための玉川大学での１コマを述べる。通信課程であっても、３教科ほどは、夏季スクーリングか夜間スクーリングで、直接通学し単位を取得しなければならない。

　おいらは、「算数教材研究」というものに登録した。これは例えば、５＋３＝８とかの計算を子供たちにどう教えるのかの授業をするのだろうと考えていた。しかし、実際に行われたのは、高校の微分・積分であった。無論、何もわからない。この時ほど、会社を辞めたことを悔やんだことはなかった。

　そんな折、山口県出身の方と知り合いになった。彼は、東工大出身で、IT関係の会社に就職したが、どうしても小学校の教師になりたくて離職し、おいらと同様、免許取得に励んでいた。

　そこで「算数教材研究」のことを相談した。とてもおいらには微分・積分など解らないと。すると、彼はこう言った。
「足し算、引き算、かけ算、割り算できますか？」
「えっ？　もちろん、できますよ。一応、高校の数１までは、

ついていけていましたから」

「じゃ、大丈夫です」

「大丈夫ではないですよ。実際、わからないし」

「高1から、やり直せばいいんですよ。どんな難解に思える数式でも、紐解けば4則計算しかありませんから。私は、数式に興味があり、面白く感じたんです。でも、對木さんは、数1以上の数学に興味関心をいだかなくなってしまわれたのでは？」

「その通り」

　彼との出会いは、免許取得について大いに参考となり、おもしろいことに、おいらは彼に次のようなお返しができた。

　通信教育では、1教科、例えば、教育原理という科目2単位の取得に対して、2つの課題があり、2通のレポート（1通400字詰め原稿用紙を6枚程度）を提出することになる。

　そして、それぞれのレポートに対して、A〜Eの判定が下される。Eは、再提出である。A〜Dは、レポート合格である。そして、大学等の会場で科目試験（筆記試験）を受け、その科目試験に合格してはじめて、教育原理2単位が認定される。かなり、厳しい内容である。

「実は、私、まだ、レポート3通しか提出してないのですが、對木さんは？」

「おいら、レポートは、もう全部提出しましたよ」

「全部？」

「どうして、まだ、3通しか提出していないのですか？」

「だって、あんなに厚い参考書、なかなか読み込めませんよ」

「えっ、全部読むの？　そんなことしたら、いつになっても免許取得なんてできませんよ。レポートに合格して、科目試験を受けることが当面の目標ですよね。だったらレポート、例えばD合格だっていいじゃないですか？　私は、課題に沿った目次の中から重要と思われる個所に赤線を引き、それらを文章としてつなげて書いているんですよ」

「なるほど、そんな書き方でいいのですね？　私は、全部、読破して、少しでも良い評定を得ようとしていました。たしかに、当面の目標は、レポートにAでもDでもいいから合格することですよね」

　彼も、おいら同様、翌年、小学校教諭として、故郷山口県で採用された。お互いに、夢はみるだけでなく叶えるもの。人生の１つの夢が叶いました。

　ある意味、なんとなくIT企業社員や金融マンになり社会へ飛び出したおいらたち。しかし、夢の実現に努力し、つかみとった小学校教諭という職。なりたい職が見つかり、その職に就けたということ。幸せなことである。

　１９８３年４月、晴れて小学校の教師になった。

　何で、こんなことを書いたのかというと、教師は、何歳になっても努力しやる気さえあれば、その道は開かれているということをお伝えしたかったからである。今は、免許状をもっていれば、臨任として教壇にすぐ立つことができるようである。

　本来、採用試験など必要ないのである。競争試験をしてはい

けないことになっていると思う。

　教員免許があれば、教壇に立てるのである。だから、採用試験に未だ合格してなくとも、教員免許を取得していれば、臨任などで、学級担任だってできるのである。

　この教員免許について、最後に述べると、おいらは全くついていなかった。

　まず、通信教育で取得した教員免許は、小学校２級であった。短大卒の方の級である。４年生卒だと１級になる。実際にはどちらの級でも仕事上変わりはないが、将来管理職になるには、１級が必要となる。

　でも、そんなこと当時はどうでもよかったし、また、14年たてば、自動的に１級になるとのことだった。とにかく、小学校の教師になれたことが嬉しくてしかたなかった。

　この免許に、実はつい最近まで苦しめられた。教師になって７年目、玉川大学から１通の封書が届いた。再入学して、１種免許を取得しませんか？　という内容だった。

　実は、この年から、２級免許が14年で自動的に１級になるという制度がなくなり、１種・２種という名称の免許に変わった。

　今なら、玉川大学で取得した２級免許の残りの科目を取得すれば１種が取得できる。との知らせであった。

　残りの科目とは、理科とか家庭科とか、おいらの苦手な教科である。とにかく、取れるものなら取っておこうと再び在籍し、とまれ、１種もどうにか取得した。

　この２回の教員免許取得に際して書いたレポートは膨大な

ものになった。今にして思えば文章を書く良い勉強になった。

　そして、だめおしが10年ごとの免許改定である。もともとは、１度取得すれば、それでよかった教員免許であるが、夏休みに講座のある大学で３万５千円ほどの自腹を切って授業を受けるのである。

　免許失効になれば、教壇に立てなくなる。おいらも２年前、がんばって受けた。ところが、ところがである。何と、昨年からは、この免許改定がなくなったとのこと。この国は、いったい何を考えているのだろう。

■第2章■

おいらは、小学校の先生

子供たちと向き合うって、超大変

　小学校2年生。7歳から8歳までの44名がおいらが受け持った初めての子供たちであった。当時は、45人学級であった。

　44人の小さな子供たち、88の瞳がこちらを見つめている。1つの部屋の中で、確かに、遠い昔通っていた懐かしい場所であるが、ある意味非日常的な空間と時間である。

　とにかく大切なのは子供たちにおいらの話を聞いてもらうこと、伝える事。子供たち一人一人の意見を聞くことである。

　しかし、これがとても至難の業であった。でも、楽しかった。何だかわからないが、とても幸せを感じる空間であった。

　元気の良い44名の子供たちを、26歳の男がひとりで一日面倒をみる。面倒をみるどころか、国語・算数・理科・社会・音楽・図工・体育に道徳と特別活動の授業をし、テストをして、評価をしなければならない。

　体験に勝るものはなし。やってみなければわからない。この体験が、例えば面倒だったり煩わしく感じるのなら、小学校の教師になどならないほうが良い。子供たちにとっても自分にとっても、お互いに不幸である。おいらは、基本、楽しくて仕方がなかった。

　日々の生活の中で、一つわかったことがある。おいらがオルガンを弾くと、この子たちは一斉に歌い始める。歌を歌い終わった直後が、子供たちに話を伝えるチャンスである。

　おいらは、朝の会はもちろんのこと、音楽の授業に限らず、

事あるごとにオルガンを弾き、子供たちに大切な話をするようになった。

　今にして想えば、一つの工夫である。でも、隣のクラスの子から「なんで、先生のクラスは、お歌ばかり、歌っているの？」と言われ、答えられなかった。

栗原先生のこと

　おいらの職場に、栗原先生という女性の大先輩がおられた。

　年齢や教師経験からいえば、おいらより 30 ほど上の方である。栗原先生は同僚であるから、本来、先生と呼ぶのはおかしいのであるが、今でも、お会いすれば栗原先生とお呼びする。

　第 1 章で述べたように、野球でいえば、3 対 0 で負けていたのに、9 回裏ツーアウトから逆転満塁ホームランで「さよなら勝ち」をしたようなものである。すなわち、教師に対する心構えができていない。

　栗原先生に、こんなことを尋ねた。

「給食の時間なんですが、6 名づつが 5 グループ。7 名づつが 2 グループで、給食を食べているのですが、とにかく、がやがやとうるさいのです。私は、黙って食べなさいなどと言うつもりはありません」

　すると、栗原先生は「先生は、子供たちに、どのように指導されましたか？」

　おいらは、「あのねぇ～みんな、先生は黙って食べなさい。とは言いませんが、グループの 6 人か 7 人とお話するのに、どうしてそんなに大きな声で怒鳴り声になってしまうのですか？」

「なるほど、でっ、おとといは？」

「えっ、おとといですか？　おとといも、あのねぇ～みんな、先生は黙って食べなさい。とはいいませんが……」

「同じことを言われてますね。子供たちは、同じことを言われれば言われるほど、言うことをきかなくなりますよ」

「あなたは20代で若々しい。存在しているだけで、子供たちは近寄ってくるでしょう。羨ましい限りです。でも、私には、あなたよりも多くの経験があります。引き出しをたくさん持つことも大切なことです」

「若いころは得てして大きな声で、うまくいかなければ怒鳴って、子供たちを導こうとします。でも、40歳、50歳になっても大きな声を出さなければ、子供たちの指導ができないようだと自分が惨めになりますよ」

　そうです。栗原先生は、いつでも、どこでも、誰とでも、普通の話し言葉で、普通の音量でお話をされている。

「あと、よく職員室で、今年の子供たちは……とか愚痴をこぼす先生がいますが、あれは、自分の力のなさを自ら吹聴しているようなものですよ」「なるほど」

　栗原先生は、徒歩で学校へ来られている。だから、帰宅時間が重なるとおいらの車でお宅までお送りする。ただ、お送りする前に必ずといっていいほど、ファミレスに寄ってお茶をした。

　自分にとっては、お茶どころではない。いろいろと教えていただける、またとないチャンスであった。栗原先生とは、おいらがジャカルタ日本人学校へ赴任するまでの4年間、毎週1〜2回ファミレスで、教師のイロハをたっぷりと伝授していただいた。

　このファミレスでの伝授の最後の時、おいらはこんな疑問を

投げかけた。

「栗原先生、自分は25歳でいきなり教師になろうと思いました。だから、普通の先生方とは、だいぶ毛色の違った人間であり、栗原先生からみればあきれるような非常識なことも多々あったことと思います。であるにもかかわらず、なぜ先生は、これほどまで私に、いろいろなことを教えてくださったのですか？」

「それは、あなたが私に多くの質問をし、私の言うことを実践し、上手くいけば喜び、失敗すれば悔しがる。私に質問をし、私の話を聞いてくれたこの4年間、それは私にとってもたいへん幸せな時間でした」

「栗原先生が、幸せ？」

「そうですよ。私は、あなたと同じように担任をしていて、あなたの倍近くのお給料を頂いているのですよ。そして、私があなたに話した殆どの事は、実は私が先輩方から学んだ事なんです。あなたも、これから、10年、20年と教職の道を歩んでいかれれば、きっとあなたを慕い、あなたの話を聞きにくる次の時代の若い先生がおられるでしょう。その時、少しでも私のことを思い出していただければ、それだけで私は幸せです」

　おいらの時の地区研修は、年3回であった。一度は、指導主事という方が、おいらの指導案と授業を見て指導してくださった。それはそれで有難いことであったが、おいらは勤務校の栗原先生はじめそれぞれの教科の主任の先生方の授業を参観させていただき、多くのことを学ばせていただいた。

　おいらたち教師は、教員免許を持ち、採用試験に合格して、

教壇に立っているのである。本来、採用試験など受けなくとも、教員免許があれば、教壇にたてる。

　昨今の新採用の先生方をみるとかわいそうでならない。信じられないのは、後補充とかの名称で、再任用の教師が新採用の教師の担任の代わりを週１日行い、新採用の教師は、子供たちから離れ１日研修とかを受けるわけである。

　もっと、現場を信用してほしい。現場の先輩教師を見て、少なくとも３年間ほどは、徹底的に子供たちとの日々にかかわらせてあげたい。と思うのは、おいら一人ではないと思う。だったら、声をあげてそうしましょうよ。こういう実態を世間の人は、知らないでしょう。

　栗原先生は、今にして想えば、新採用のおいらの１年間、否４年間の研修担当の教師・上司であられたようなものである。しかも、これは強制されたものではなく、奇跡的な出会いと運命のなせる技である。素晴らしい先輩との出会いがあれば、クラスを空けての研修など勘弁していただきたい。

（栗原先生は、令和５年１月時点、御年95歳である）

令和元年にお会いした時の栗原先生
cafe KAYAKA にて、著者との Two Shot

はじめての卒業生

　おいらの教師２年目は、５年生の担任となり、３年目は、５年の時のクラスをそのまま持ち上がり、６年生の担任となった。

　初の卒業生を送り出す前夜、おいらはアパートで一人暮らしをしていたが、最後の学級通信を書きながら、自分でも驚いたのだが涙が止まらなくなってしまった。

　２年間、気がつけば当たり前のように過ごしてきた子供たちと明日で別れることになる。ということが、学級通信を書きながら、ふつふつと湧き上がってきたのである。

　こんな気持ちになる。しかも、それが今のおいらの仕事である。こんな感動的な仕事など、そうはないであろう。

　その時の卒業生も、今では、49歳である。先日、49歳になった教え子３人に当時の思い出を認めてもらった。

●諸橋剛さん

武闘派、体育会系、眼光鋭く、目力が強い。

怖いかも？　から一転、体験を通した話が面白く真剣に聞き入るようになっていった。辛かった事やどんな子供だったかなど。

授業も独特なことが多く、むしろ普通の授業をされると物足りなさを感じるほどだった。生活に役立つ雑学的な情報を子供と同じ目線で知ってる。色々なことを教わった。例えば蛍光灯は、はじめのチカチカが一番電気代がかかるとか。今でも、覚えているくらいだから子供心に へ〜！って思ったのだと思う。

對木先生ならではの中国拳法の体育の授業も思春期に入り始める頃の自分達には、その真似事が少し恥ずかしかったり照れてはいたが、やはり忘れられない楽しい想い出です。好きな女の子が隣で照れくさそうに拳を伸ばしている姿が印象的でした。(笑)

何より一番の教えは、クラスの黒板の上に掲げてあった「できるまで、やってみよう」は、私だけでなく、クラスの多くの級友が影響を受け、粘り強く頑張ろうと育てられたのではないかと思います。今でも我慢強く、粘り強く頑張れる人間になりたいと思えるのは、そのおかげだと思います。できているか、いないかは別にして。(笑)

●コロ助さん

私の小学5〜6年生の思い出は楽しいものであり、現在にも繋がっているものでもあります。

對木先生の授業は、脱線ばかりで勉強をした記憶があまりありません。ただ、授業を楽しくするために「大学みたいにしよう」と座席を弧を描くように配置したり、先生自作のマイクが登場したり、飽きる事が無かったように思います。

2年間続いたのは、クラス目標の「できるまで、やってみよう」と日記です。

日記は、毎日書くのですが、週末に提出して、月曜日に戻ります。先生のコメントがいつも楽しみでした。一人で悩んでいた事も日記を通して聞いてもらいました。この日記は、今でも大切に持っていて、時々見返すとその頃の事を懐かしく感じます。

今では、我が子にその日記を見せたり、その頃の話をすることも
あります。
私たちが大人になった今でも先生は、あの頃のまま、チャレンジ
精神旺盛で困難にも負けず新しい道を進む先生。
今でも、尊敬しています。

●加藤芽衣さん
對木先生に担任をしていただいた小学校の6年間は、とても印
象深く楽しい思い出になっています。
中国拳法を覚えたり、授業を脱線して話してもらった先生の経験
や雑学は今でも覚えていることがあります。（富士山の頂上は、
太陽に近いのになんで寒いの？ とか、味の素が売れるようになっ
た方法等々）常に新しいことを経験させてもらっていたように思
います。毎日書いて提出していた日記も思い返すと友達に話すよ
うな感覚で気取らず飾らずに書いていたので、書くことが楽しか
ったです。
私たちと同じ目線で、何でも一生懸命に過ごしてくれる先生は、
今まで習った先生とは違い、先生らしくない先生？　だったかも
しれないですが、いろいろな学びを教えていただいたと思います。
卒業して大人になってからも、小学校に遊びに行ったり、太極拳
の道場を見学に行ったり、一緒にゴルフのラウンドをしたり、先
生の喫茶店にお茶しに行ったりと、お会いすると、あのころに戻っ
たように過ごせて嬉しいです。

　37 年前の小学校 6 年生。現在 49 歳の初めての卒業生 3 名の現在のコメントである。

　年齢でいえば 12 歳と 28 歳だった教え子と教師が、今では 49 歳と 65 歳。やはり、教え子と教師である。そして、こういう関係でいられることが幸せである。

　こんな仕事？　あまりないでしょ。それから、やはりおいらは、かなり毛色の違った教師のようであった。逆を言えば、こんなおいらでも教師になれるということである。教師になって良かった。この子らに出会えて幸せだったと、しみじみ思える昨今である。

保護者（父親）からのお手紙

拝啓

新学期も始まり毎日お忙しくお過ごしのことと思います。小学校時代は、信二郎も含めて３年間ありがとうございました。

良い先生に出会うことは、本当に素晴らしいことだと思います。息子達は、これからたくさんの良い先生やお友達をつくって、元気に勉強をしてほしいと願っております。

信一郎は、４月 11 日に入学式がありました。上級生が作ったパネルをバックに先生方の合唱や上級生の太鼓・民舞・合唱などが行われました。

信二郎は、４月５日から電車とバスで元気に通っています。

先生も毎日お忙しいことと思いますが、お体を大切に元気でがんばってください　かしこ

　初めて、卒業生を送り出してから、数か月後のある父親からのお手紙である。このお子さんの弟を新採用で２年生の時に受け持ち、２年目の時、５年生のお兄ちゃんを受け持ち卒業させた。

　このお子さんは、心臓に病があり、高校生になるころ、手術が必要とのことで一家で引っ越し、大学の附属中学へ入学した。

　それから、数年後、ジャカルタへ海外赴任中のおいらの元に信一郎君の級友から一通の訃報が届いた。

　真面目で落ち着いた素直な良い子だった。なぜ、彼は十代で

旅立たなければならなかったのだろうか？　既に、35年の歳月が過ぎたが、卒業して半年後の同窓会で、自前のビデオカメラで写した彼の姿そのままが脳裏に刻まれている。

　お父様からのこのお手紙は、今でも大切に持っている。

　教師をやっていると、楽しいこと、嬉しいこともたくさんある。でも、悲しいこと、どうにもならないことも数多く経験、体験するものだ。それら全てを含めて、人生の縮図なのだろう。

　おいらは、担任として彼に何ができたのだろう？　もっとおしゃべりしてあげればよかった。もっと誉めてあげればよかった。時が過ぎて今、想うことだ。

もう1通のお手紙

對木先生

2年間、ほんとうにありがとうございました。友達とのことなどで、先生をなやませたりしてしまいましたが、そのほとんどを先生は解決してくださいました。

2年間の間、對木先生や友達と勉強や体操をしたことなど信じられないほど、時間を短く感じました。

ある人が、時がたてば卒業はできますが、心は卒業できたかどうかはわからない。ということを聞きました。

卒業という言葉は、1年生から知っていましたが、どういう気持ちなのかはわかりませんでした。ぼくは、思いっきり喜びたいようで、泣きたいようで分かりません。

ぼくは、先生が解決してくれて、ぼくも頑張ったことが、心に残ってたまりません。中学校に行っても頑張りますので、對木先生もお体に気をつけてがんばってください。ほんとうに、ありがとうございました。

(橋本　腎)

ジャカルタって、どこ？

日本人学校と海外赴任

教師になって、日本人学校の存在を知った。日本の企業の多くは海外にもある。その社員たちの子弟も当然海外生活をしている。

それぞれの子供たちが貴重な経験・体験をしているが、そのほとんどの子供たちはやがて日本に帰国し、帰国子女となる。その時、日本の教育についていけるための一つとして、日本人学校がある。

海外にある各企業が、それぞれの国で、用地を確保し設備を整えて、教師を文・科・省に申請する。そして、おいらたち教師は、日本での３年以上の実績と赴任先希望は出せないという条件で長期出張としての日本人学校へ志願する。日本人学校でなく、補習実習校とよばれる学校もある。

いきなり給与のことで恐縮だが、日本人学校へ行くと給料が倍もらえるとか、志願しない奴に限ってそんなことを言う。だったら、自分が行けばいいのに。

倍などもらえない。日本での本給と赴任先での出張手当が支給されるのである。赴任先によって、額は異なる。勘違いしないでほしい。

金のためなら、はっきり言って教師になどなりません。命を懸けて海外赴任などしません。金のことなどほとんど考えずに教育活動に専念できる素晴らしい職業なのだ。

少なくも、命を、そして人生をかけて、志願しているのだ。

世界のどの国へ赴任するのか、全くわからない中での志願なのだ。

　ついでに、もう一言。時々言われた事。

「いいねえ、先生は、公務員だから、お給料が安定していて」

　なんで、こうも金、金……と。情けない。

　すくなくも、おいらは公務員になりたくて、教師になったのではなくて、教師になりたくて、なったら公務員、正確には、教育公務員だったということである。

　仕事で海外に住める。志願しない理由がおいらにはなかった。

　赴任前いろいろなことを言われた。せっかく教師になったのだから、どこの国のどんな環境だかわからないところへ、わざわざいかなくてもいいのでは？　とか。健康だって、どんな病気になるか？　ましてや、どこに赴任されるかわからないのに。

　どうも、おいらたち日本人は、人と違う事をしようとすると、なかなか受け入れてもらえないようである。農耕民族のなせる業なのか。

　誰が何をいっても、志願の決意は変わらなかった。あなたが行くわけじゃないでしょ。日本にいたって、例えば交通事故でいつ死ぬかわからないし、だいだい、どんな国に派遣されても、基本、今までやってきた日本の教育活動を日本の子らに行うわけでしょ。しかも、日本の子供たちがいる場所にいくのだよ。

　1986年1月、体育の授業をしていると、校長に玄関から大声でよばれた。

「おい、受かったぞ。日本人学校。ジャカルタだ」

「ジャカルタって、どこですか？」

「知らん」

　インドネシア？　常夏の国？　インドネシア語？

　新年早々、ジャカルタ日本人学校への派遣が決まったおいらは、1月下旬から、1週間の研修が筑波であった。

　4月から海外へ旅立つ教員365人が日本国中から集結した。

　記憶に残っているいくつかを記す。ジャカルタ日本人学校派遣15名。すぐ近くのシンガポール日本人学校、同じく15名。ただ、ジャカルタは、全て男性教諭。シンガポールは7名が女性教諭。何故だ？

　常夏で、厳しい気候なことは予想できるが、環境もかなり厳しそうだ。と噂がではじめた。研修後半、決定的な出来事が

赴任3年目のときに作られた記念下敷き

あった。それぞれの国々へ派遣され、既に帰国された先生方が
それぞれの国の事情を話してくださったのである。

　今から、およそ 35 年前、まだ、それほどホームビデオなど
復旧しておらず、ほとんどの方がスライドでの投射であった。
365 名全員で見るのである。

　ある国の紹介では、黄色っぽい少し泥水っぽいプールのよう
なところで、子供たちが泳いでいる。そのナレーションである。
「皆さん、きたないと思われるでしょうが、慣れれば何でもあ
りません」

　ジャカルタも 2 つ覚えています。
「鉄棒の授業は、1 ～ 2 時間目しかできません。それ以降は、
熱くてさわれません」

　それから、
「影踏みはできません。影がありませんから」

　これらに反して、確かヨーロッパのある国の紹介。
「皆さん、なんの心配もなく赴任されてください。特に、奥様
方は、本物の芸術に触れられる素晴らしい 3 年間となること
でしょう」

　この時点で、ジャカルタ赴任のおいらたちは「文・科・省は、
どうやって赴任国を決めているのか？」話題になった。

　ある先生が
「對木さん、趣味の欄、何て書きましたか？」
「拳法」
「そりゃ、ジャカルタだわ」

派遣される州ごとに、名札の色が違う。

　休憩時間にヨーロッパ諸国の先生のところにいって「趣味をどう書かれたか」聞いてみた。

「レコード鑑賞」

　なるほど、なるほど、そうだったのか。否、もう一つ、わかったこと、感じたことがあった。

　ヨーロッパへ派遣される先生方、顔つきが、なにか穏やかで、おっとりしているような感じ。それに比べて。……まさか、まさか顔で決めているわけでは？

　真相は、未だ不明である。おいら、何故ジャカルタなのだろう？　ジャカルタが良いも悪いもない。全く知らない未知の国であった。ただ、余り良い期待は抱けなかったが、ドキドキわくわくしていたことだけは事実である。

　飛行機の中で、覚えたインドネシア語は、1から10までのサト・デュア・ティガ……だけであった。

メイドさんと運転手さん

　ジャカルタに赴任したとき言われた「インドネシアという国にお世話になっているということを忘れないことです」と同じく「家にいるメイドさんは、教え子だと思いなさい」つまり、小学校低学年の子供ということである。

　簡単にいうと、海外に住むということは、日本にいたら絶対経験しない・できないであろう素晴らしい経験・体験と、日本にいたら、まず経験・体験しなくてすむとんでもないことがある。

　海外生活には、天国と地獄がある。とおいらは、思っている。おいらは、嫌なことは忘れ、良かったことをたくさん覚えている。おいらたち日本人が住んでいる家は、デニーズのようなものを想像すればいいと思う。

　おいらの家でいえば、部屋が7つにキッチンの床は大理石で、家の中と中庭には池もあった。この敷地内のかどに、メイドさんが住む部屋がある。ソピルという運転手さんは、通いで家まで自転車通勤していた。

　大方の日本人は、自分が住む家を見てそのあまりの豪華さに絶句する。でも、1週間もすると慣れてしまうものである。

　さて、ここからメイドさんの話である。メイドさんは、テュティとコキといって、お料理担当の子とお掃除担当の子に分かれる。ほとんどの子が、地方から都会に来た20歳前後の女の子である。

　日本で今いう格差社会どころの話ではない。大抵の日本人は、

３年〜５年の赴任中にこのメイドさんを２〜３回代えるという。自分たちの思い通りにいかなくなるからである。

　おいらの赴任中の１番の自慢は、メイドさんもソピルも１回も変えなかったことである。

　こんなこともあった。日本から、新品の料理用の包丁を持ってきた。ある時、庭木の枝を切っておくように頼むと、何とその包丁で切っているのある。その光景は、普通なら怒鳴って叱咤するところだろうが、ぐっと我慢して、シティ、カトミー、ちょっと来てと呼び「これは、お料理専門でキッチンで使うもので、庭の枝木は、あのカマで切るのですよ」と小学校低学年に言い聞かせるように、つたないインドネシア語で伝えた。

　すると、素直に謝ってくれた。

　このシティさんは、遠いスマトラ出身である。

　忘れられない出来事がある。おいらは、３年間の海外赴任として、このジャカルタに赴任していたが、３年目の１年間はおいらの妻が日本で出産をすることになり、ひとりで１年間、ジャカルタで暮らすことになった。

　ちょうど丸２年を終えようとしていた時、シティさんのお父さんがスマトラから見えられた。それまでおいらも知らなかったのだが、シティさんはスマトラで既に既婚者であったが、数年前ご主人をバイクの事故で亡くされたとのこと。そして、お父さんが「良い青年がいるからスマトラへ帰ってきなさい」ということであった。それに対してシティさんは、
「お父さん、私は對木さんのところで、今まで２年間働いて、

對木さんは、あと1年で日本へ帰ります。2年間、とてもよく
していただいたので、あと1年ここで働いてからスマトラへ
帰ります」

　国が違っても、立場が違っても言葉が違っても同じものがあ
る。それは、人としての情である。

　多分シティさんは、スマトラで学校など、ろくに行っていな
いと思う。だけど「人として相手を想いやる」もしかして「人
として1番大切なもの」をしっかりと持っている。

　運転手のことをソピルというのだが、名前はアーソリさんと
いう。アーソリさんは、おいらを待っているとき、よく地べた
のありんこをみていた。

　アーソリさんは英語が話せる。前に仕えていた方が英語だっ
たとのこと。この事は、いいようで困った。奥さん方は、メイ
ドさんやソピルとインドネシア語で話さなければならないの
で、すぐに昼間ジャパン・クラブでインドネシア語を習う。

　それに対して、おいらたちはJJS（ジャカルタ日本人学校）
に朝、入ってしまえば日本の子相手の教育活動なので、インド
ネシア語は話せなくとも困らない。が大抵、家に家庭教師を呼
んで、インドネシア語の習得に励んでいた。

　おいらは、やらなかった。なぜなら、おいらは、英会話なんぞ、
できないが、ゴーツースクールとアイム　ゴーイング　ホーム
でことたりた。よって、おいらはいつまでたっても、インドネ
シア語が話せなかった。

　アーソリさんがある時「息子が専門学校へ行くことになった

ので、少しお祝いをくれ」というので、それに答えた。それから、数か月後、今度は、赤ん坊が生まれたのでという。
「アーソリさん、嘘をついちゃだめだよ。このあいだ、息子さんが専門学校へ入ったといったばかりじゃないか」
「ああ、あれは1番目のワイフで、今度のは2番目です」
　奥さんが2人いたのか。経済的に可能なら4人まで許されるとのこと。そういえば、デビ婦人もたしか。
　インドネシアの男女平等って、なんなんだ。

アーソリさんと著者

小・中職員室が一緒と日々の生活

　JJS（ジャカルタ日本人学校）は、小学校・中学校が一緒で、おいらたち教職員も同じ職員室であった。小・中合わせて1,000名程度であった。

　印象に残っていることとして、日本でいう所の校務さん（日本では、通常男女で2名）が30名もいた。ボーイさんと呼ばれ、現地採用のインドネシア人の若い男の人たちだった。

　コピー機に2人。体育館に6人。プールに4人等、学校敷地内の各所に配置されていました。日本の学校もこんなだったら、どれほど……。

　時々、おいらたち教師とボーイさんとでサッカーのゲームをするが、全く歯が立たなかった。

　運動会の応援合戦も凄かった。教師は、あまりかかわらない。中学生のお兄さんお姉さんがある意味しきる。小学生は、心底驚きと尊敬のまなざしで参加する。

　それから、各学年4クラスで4色であったのであるが、4色対抗リレーは、脳裏に焼きついた。よ〜いドンが、小学校1年生で、2年生3年生とバトンが引き継がれ、ゴールは、中学3年生である。見ごたえたっぷりのリレーであった。

　また、休暇にも素晴らしい工夫がなされていた。

　常夏の国である。赴任してから帰るまで夏である。3年間で、12年分の夏を経験するのである。でも、1年間の授業日数はかわらない。夏休みは、日本の半分、8月1日〜8月20日の

20日間である。その代わり、5月のゴールデンウィークのあとに続けて10日間、休みがある。

それから、秋の運動会の後に続けて10日間の中間休業という名称の休みがある。先輩たちが残してくれた、常夏での一工夫である。教師は、子供たちと学習活動をするばかりではない。多義にわたり多くの事柄があるのである。

トラジャへ行く途中の著者

ジャカルタの 2 年生と 1 年生の授業

　ジャカルタ日本人学校 JAKARTA JAPANESE SCHOOL (JJS) に赴任した。小・中合同の児童・生徒数合わせて 1,000 名ほどの大規模校である。

　そこで、おいらは小学校 2 年生の担任になった。4 クラスあり、東京・京都・長崎、そしておいらは神奈川から派遣され、全部で 4 名である。

　そこで、社会科の学習について、教材は自分でつくったが、これが実におもしろい。

　各教科には、指導要領というものがあり、小学校 2 年生、社会科、乗り物で働く人々（現在は、小学校 1, 2 年生には、社会科、理科の教科はなく生活科となっている）においては、基本、次の 2 項目を抑えることになっている。それは、

　○ 時刻通りに運行している。

　○ お客さんの安全に気をつけて、運行している。

　だから、日本では、それぞれの地域の特性に応じてバスを教材としたり、電車を教材としている。

　この 2 項目をおさえられれば、どちらでもよい。他でもよい。さっそく、ジャカルタで生活しているのだから、インドネシアのバスを教材として、学習をすすめようと街に出た。

　ジャカルタには、電車はほとんど通っていないが、バスは多く走っていた。

　結果は、今となっては笑い話であるが、まずバス停はあるが、

時刻表などない。地元の人々は、いつ来るかわからないのに、おしゃべりしながら待っている。

　次に安全面でも唖然とした。ドアが開いたまま走っているのである。日本で教育活動をしていれば、こんなことで悩むことはまずないであろう。でも、なんだか楽しかった。

　学年の先生方と街にくりだし、閃いた。というか子供たちにとって、うってつけの教材があった。スクールバスである。ジャカルタ日本人学校の子供たちは、スクールバスで通学している。

　スクールバスは、毎日時刻通りに運行しているし、担当のバスイクットといわれる、子供たちの安全面の配慮をするお母さん方も乗車されている。

　この教材化のなかで、もう１つ、これはおいらたちの先輩の方々が工夫されたとの記録があったが、スクールバスでの登校は、朝の６時半と早かった。

　これには、こんな理由があった。ジャカルタの朝の交通渋滞は激しく、この国にお世話になっているおいらたち日本人は、できるだけインドネシアの方々へご迷惑をかけないための１つであった。

　海外に赴任するという言葉があるが、これは裏をかえせば、赴任する国にお世話になるということである。

　２年・２年と担任をして、３年目がJJSの小学１年生の担任をしていた。長い教員生活の中で、１年生の担任は、この時のただ１回のみ。

　日本では、校長が毎年第３希望まで希望をとるので、いつ

も1年2年3年と提出するが希望が通ったためしがない。

　高学年は大変だから？　とか、わけのわからないことで、希望者が少ない。低学年の内にしっかりとした教育活動をしておけばいいのにね。

　一昔前の日本の学校では、校長に教師としての力量を認められなければ、高学年は持たされなかったようである。ただ、派遣教員が全て男性のここJJSでは、低学年の希望者の方が少なかった。

　小学1年生の社会科「おうちのひとの仕事」の授業参観での1コマである。

　○ お父さんは、日本のお父さんと同じで、朝、会社に行く。

　○ 僕たち私たちも、朝起きて学校へ行く。

　○ でもお母さんは、お料理をテュティにやらせて、お掃除は、
　　コキにやらせてずるい。

　ここまでで、授業の半分を終えた。

　○ さて、お母さんは本当にずるいのか？

　そこで、おいらは後ろで、参観されているお母さん方に投げかけた。

「どなたか？　お母さん方は本当にずるいのですか？」

　すると、あるお母さんが

「みなさん。お母さんたち、ちっともずるくなんかないですよ。日本にいたときのほうが、よっぽど楽でしたよ。そう、ここは日本でないから、子供たちが病気になったらどうしようとか、日本の例えば季節のことだったり、インドネシアにはないたく

さんの事柄をどう教えようとか、いろいろ悩んでいるんですよ」

　村八分という言葉がある。多分、江戸時代に生まれた言葉であろう。では、二分とはいったい何なのか、ご存じだろうか？

　1つは、火事である。いくら、八部無視した相手であっても、火災がおきたら、皆で協力して消さなければ自分たちも大変なことになってしまう。もう1つは、死んだ時である。日本人の死生観なのか、どんな相手であっても、亡くなったら許す。

　それが、いいことなのかどうかはおいらにはわからない。ただ、帰国間際の時に、親しくさせていただいた大使館勤務の方から、次のような言葉を聞かされた。

「對木さん、日本は、やはり島国で単一民族なんですよ。もちろん、その良さもたくさんあるのですが、私の知る限り、時々、日本人学校に赴任されていた先生方、自分が海外赴任していたことを隠すんですよ。それは、帰国した時点で、赴任するまでの日本の仲間は既に仲間ではないのですよ。例えば、赴任中に経験したことを良かれと思って話しますよね。すると、さすが海外赴任された方は、おっしゃることが違いますね。要するに周りと違うことをしてしまうと生きにくいのですよ」

「では、私も帰国したら、日本人学校のことは、あまり話さないほうが？」

「いえいえ、對木さんは、どんどん話しなさい。大体、話さないと我慢できないでしょう。みんなと違っていいんですよ。あなたの授業を見させていただいて、あなたが子供たちに伝えていたじゃないですか」

54

　おいらの自作の授業を見ていただいたのです。

「みんな違って、みんないい」

　これは、日本全国、小１から高３まで、いつでもいきなり、１時間の授業ができる国際理解教育の観点から、作成したものである。

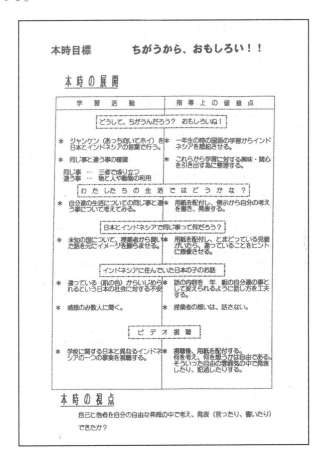

総合的な学習の時間〈国際教育：今日的課題の人権＆国際理解〉

支援者　對木　佳

1．日　　　時
2．場　　　所　　　第　学年　組　教室
3．単 元 名　　　**ちがうから，おもしろい !!**
4．単 元 目 標　　・自らの生活を振り返ることにより，普段あまり意識しない
　　　　　　　　　　であろう自己と他者に対する意識をもつ
　　　　　　　　　・未知の国の人々に対する，自分なりのイメージをもつ
　　　　　　　　　・他者（人・物・事）を知ることにより，自己の考えを深める
5．単元設定にあたって
　子供達は，国際社会に生きる地球人として活躍していく時代になった。現在山積
する地球規模の問題（・平和・人権・環境・資源保護等，多種多様の内容）は，人
類が共存していく上に大きな課題として，私達に提示されている。子供達には，今
後，社会の成員として主体的に選択，判断，行動がとれる主権者としての力のある
人であってほしいと願っている。
　今回，総合的な学習の時間や道徳，特・活の時間を用いて，国際教育（国際理解
教育と人権教育を意識）の単発の一時間の授業（国際教育の・補充・深化・統合）を試
みることにした。そこで，「個性豊かな自立する子供」について見据えていきたい。
人権教育を意識すると，その為の生きる力を育むためにはどうしても「個性豊かな
自立する子供」を見据える必要がある。「教育の個性化」とは，「個性を生かす教育」
すなわち，「個を生かす教育」のことである。私達は，ともすると「個」を捉える
時，大人の社会的常識や尺度による価値基準の設定をしてしまいがちである。「個」
とは本来，本人の認識に基づくものであって，決して他律的に規定されるものでは
ない。自らの意志や意欲を方向づける主体が「個」である。「個を生かす教育」と
は，子供達一人一人が「認められていることを意識できる教育」「自分自身の存在
を認識できる教育」である。「個」の存在の認識は，他が自分と違っていることへ
の寛容をもてることが必要とされる。これは，自分自身に対して寛容になれるこ
と。すなわち，自らが「個」に寛容になった時，他者を受容することの関係が成立
し，相互による「個」の存在の確立が図られると考えられる。
　私達は，まず目の前の子供達一人一人を，良さもまずさも含めて，まるごとかか
えることから始めた。集団との関わりの中で，ともすると流され埋没してしまい
がちな「個」を保障していく上でも，子供を一人の人間として見て，認めていく教
育活動が必要となる。それは，関わる大人に認められていることを実感としてもつ

こと。その実感が子供の良い状態を生み出し、開放されたところで、より主体的に自分の力で、よりよく生きていこうとする気持ちを生み出していくと考える。

　自分達の良さをお互いに認め合う関係は、お互い居心地の良い状態の中で他を認める、やさしい人間関係の成立を実現していくと思われる。この認め合い学び合う集団の構成こそが、子供達一人一人の心を捉え、その育ちを確かなものにしていく。

　その中でお互いがお互いを高め合うことは、知的側面を学ぶだけでなく、個性や人間性などの情意面も学ぶところで、その子自身のもつ良さをさらに磨いていくことになる。人類の地球規模の確かな共存は、自らが自分を大切にし、自分の頭で考え、真に人間らしく生きていく姿勢や力をつけていく事。すなわち、「個」の確かな確立の中で実現・創造していくものであると考えるからである。感性的認識から始まった学習の中で、本質を捉え知的認識（科学的認識）さらには、実践的認識を相互関連的に高める学習活動になっていくことが、一つの学習の成立を図れたと言えるのではないだろうか。これを知的側面からの学習とみるならば、学習の過程の中での個と個の関わり、個性を尊重する関係での学習は、知的側面の高め合う場としてだけではなく、お互いの良さを認め合い、お互いに学び合う自己のもつ個性・人間性を高める学習の成立が、もう一つ目的的に学習の中に位置づけられていると考えてよいのではないだろうか。

　こういったような事が認められて、初めて「人権教育」が成立すると考える。

　そこでいよいよ本時である。私は、今回の授業を行うにあたって、そのヒントを３年の国語の詩の単元から得た。「私とすずと小鳥」である。その時の最後の言葉が「みんなちがって、みんないい」で締めくくられている。

　私は、たった４５分の授業を次の様に大きく３つに分類した。

　＊　自己（自学級）の振り返り、同じ年齢、同じ先生、同じ様なものを食べ、同じ市に住み、同じ様な生活をしている私達。だけど、違うこともたくさんある。
　＊　日本とインドネシアについて、その大きく異なることを例示した上で、共通項について、イメージの中で想像させる。その上で、一つの具体的事例を提示し、自分あるいは、学級の問題として考えさせる。
　＊　一番身近である学校という存在について、ビデオ視聴をする。数人の児童の感想を聞くにとどめ、授業を終える。

　私の想いは、もちろんある。それを伝えるのも教育活動の一つであろう。しかし、今回の授業ではそんなことは枝葉の事であって、大切なことは子供達が、この時間をきっかけに何を考え、どんな行動をとるのか見てみたい。それが楽しみである。

　結果論になるが、おいらにとってジャカルタでの海外生活は、何物にも代えがたい貴重な意義ある３年間であった。

JJS（ジャカルタ日本人学校）の親からのお手紙

對木先生

昨日は、写真をありがとうございました。静香は、大喜びでした。
私も、思わず泣きそうになってしまいました。
インドネシアでの思い出が良いことばかりですので。
先生は、あと２年インドネシアにいらっしゃいますが、その間どうかお体に気をつけられて、お元気でご活躍くださいませ。
日本で、お目にかかれる日を家族皆で楽しみに致しております。
どうか、お元気で。　　　　　　　　　　　　　　　　　（野々瀬）

先日は、とても思い出に残る終業式にして下さってありがとうございます。
幸二にとっても私にとっても、インドネシアでの生活及び日本人学校での生活は、生涯忘れることのできない貴重な体験でした。
決して楽しい事ばかりではありませんでしたが、今となっては、どれも、なつかしい素晴らしい思い出となって、心に残っております。
ありがとうございました。　　　　　　　　　　　　　　（金月）

■第4章■

おいらのライフワーク

週1回の道場での稽古

　おいらは、小学校の教師であった。と同時に武道の世界にも身をおいていた。そして、このことが結果的には、仕事面においても大変役だった。教師として、できることは、たくさんある。

　わたしの場合は、武道というものを通して、教育活動のいろいろな面で考えされることが多々あった。その一端を述べることにする。

　金融機関を退職して、再び師匠の元での稽古が復活した。26歳の時、師匠より「神奈川支部長として活動しなさい」と言われ39年。

　紆余曲折を経て「拳水会」という名称で、杖を突いて歩くようになった今でも、毎週活動している。

　おいらは、幼少の頃、母にドクターが、
「お母さん、残念ですが、お子さんは、おとなになるまで成長できるかどうかわかりませんよ」
と言ったほど重度の小児喘息であった。

　運動すると喘息の発作がおこるので、運動が得意なわけはなく、ましてや格闘技系のものなどには全く興味がなかった。

　ここからは、眉唾でもなんでも良いから、おいらの体験を述べていく。

　16歳、高1の時に夢を見た。夢は、ぼんやり覚えている時と、はっきり覚えている時がある。その時の夢は、会ったこともない知らない青年が

「あとは、君に任せた」と間違いなく言った！

　何をまかせたのか？　とにかく、それだけ。青年の顔も会ったことも見たこともないが、はっきりと覚えていた。

　それから、数週間後、級友が、

「今度の日曜日、映画のタダ券があるから、見にいかないか？」

　と誘ってくれた。

「何の映画？」

「燃えよ、ドラゴン！」

「何それ？」

「とにかく、凄いらしい」

　初めて見たブルース・リーは、夢に出てきた青年であった。

　パンフレットを300円で買った。なぜか、300円としっかり覚えている。

　こういう格闘技をやる人は、プロレスラーのように大きな人だと勝手に思っていたが、意外に小さく身長170cm、体重65kg。おいらと同じだった。

　この方は、何か一つのことに凄まじく努力をされた方だと感じた。

　夢に現れ、任され、使う肉体も同じ、やるしかないと思った。だが、知識がない。空手とか柔道の名前くらいしか知らなかった。

　ブルース・リー師匠のやられているのは、中国拳法らしい。もちろん、中国拳法が何かもわからない。

　当時、少年マガジンに掲載されていた、「全日本中国拳法連盟」

佐藤金兵衛。東京、滝の川。

　早速、電話してみると、あなたと同じ茅ケ崎に高弟の西郡多喜雄先生が住まわれているから、連絡してみなさい。と言われ、連絡して、西郡先生のお宅を訪問した。この日のことも、はっきりと覚えている。

「高校の３年間、往復２時間の自転車通学で、足腰は、ずいぶんと鍛えたつもりですが、中国拳法のことは全く知らなくて」

　すると師匠は、

「じゃ、なぜ来た？」

「ブルース・リーみたいになりたくて」

　入会金１万円。会費月５千円。

　当時５千円の会費と５千円のタバコ銭で、こづかいの１万円が消えていった。

　その日から、太極拳の稽古がはじまった。

　本書の意向とそれるので、簡単にしめくくると、西郡師匠は、はじめの３年間太極拳の型しか教えてくださらなかった。

　あとで、わかったことであるが、本当にやる気があるのか、ためされていたとのこと。

　その後、教授された流派名だけ記しておく。

　正宗太極拳・正宗形意拳・正宗八卦掌・少林金鷹拳・日本柔術・居合・柳生心眼流兵術 等である。

柳生心眼流秘傳

應物無究元

柔ト八取ラレ取ラレ気ヲ收メ

大兵トテ恐ルヘカラス小兵トテ侮ル

{カラス強クトモ道ナケレハ弱ニ劣リ

道アレハ強ニ勝ヲ得ヘシ

小具足柔立合ハ専ラ七ヶ条ニ

至ル詳レクハ三段ニ調ヘルノミ

心ハ大事

蠒物無究元

西郡多喜雄先生から伝授された柳生心眼流秘伝目録

生涯、師と仰ぐブルース・リー師匠のフィギア

インドネシアに赴任中、全国大会に招かれ少林金鷹拳の模範演武を披露

シラットとの出会い

インドネシアに赴任中、太極拳をしていると家主のイマンさんが、インドネシアにもシラットという拳法があるという。

イマン夫妻と

おいらの西郡師匠が言われた言葉に
「各流派が伝統として受け継がれていくためには、その流派に系統立てられた稽古体系がなければならない」
　見学して、驚いた。稽古が、しっかりと系統立てられ、伝授されている。
　ブルース・リー師匠の言葉も思い出した。

「どこの国の格闘技だって、たいして違いはないよ。だって、同じ2本の手と2本の足を使うのだから」

　おいらは、シラットが確かな拳法であることを認識し、シラットを学ぶことにした。

　おいらのシラットの師匠のお名前は、イルシャット・タイップ師匠である。タイップ師匠は、外科医であり英語がペラペラである。

「Can you speak English?」

「ミスター對木、英語でやるか？」と言われたので、否、インドネシア語でお願いしますと。

「日本の学校で、何年英語を学んだ？」

タイップ師匠と

「中、高、大で10年です」
「日本人、英単語もたくさん知っているのに、何故話せない？」
「……」
　インドネシア語だって、よく話せなかったのですが、タイップ先生からシラットを学んだことによって、今では仕事として、インドネシア語講師もしている。
　帰国してから、壮神社の社長と出会い、異国の拳法「シラット」を書籍で出版することもできた。
　好きなことを続けているといろいろと新しいことに出会うものである。

シラット継承者に贈られる盾

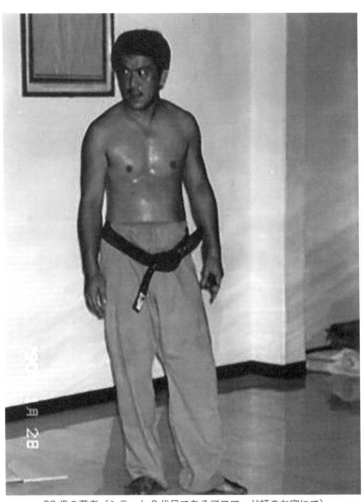

33歳の著者（シラット2代目であるアフマッド師のお宅にて）

小学校へクレームをつけるなら……

ここで日本の英語教育について言いたいことがある。

おいらは、中学・高校の時、英語ができなかった。言い訳がましく言うと、日本の英語学習に全く興味・関心を抱けなかった。何故ならば、その目的がペーパーで良い点数をとることだったからである。

もっと、おかしなことがある。おいらは、文系の私立大学に進学した。入学試験は、３科目。国語と社会と英語である。つまり、英語で点数が取れないのは致命傷である。とは言っても、一浪までして入学したのだから、大学の時のアルバイトの一つとして、予備校の講師や家庭教師もした。

「英語には、５つの文型があります。Ｓ＋ＶからＳ＋Ｖ＋Ｏ＋Ｃまで、さぁ、この英文は、まず第何文型でしょうか？」

今にして思えば、ふざけんな！　だね。世界中にいくつ言語があるのか知らんが、どこの国のどんな言語だって、５歳児にでもなれば、

「ママ、おなかすいた」とか、

「パパ、明日、動物園行きたい」とか、意思の疎通ができるのにね。この文章は第何文型？　勘弁してくださいよ。森鴎外か誰かが言ったように、日本の語学学習は忍耐である。なるほど、うまいことをいう。

英語の点数さえ、もう少しとれたら、もっと、偏差値の高い大学へ入学できたのに。

今にして思えば、どうでもいい、へでもねぇことだけど。

　予備校での１年間、世の中、早稲田や慶応いかなきゃいけないみたいになってる。ふざけんな。日本人の半分は、高校出て働いてるんだよ。

　問題なのは、英語の点数がとれないと、

「僕は、ダメなのかという劣等感にさい悩まされる奴が多くいることだよ。おいらは、基本、へでもなかったけどね。だって、超難しい日本語がペラペラ話せるじゃないですか」

　最近、小学校にクレームをつけてくる親御さんのことをモンスターペアレントという。

　教科書もタダ、授業料もタダ、給食費の半分は各自治体が援助。子供たちを選ぶことのできない教師は、残業手当もなく、ほとんどの教師は、自らの家庭の自分の子供たちとの夕食など、とれるはずもないのに理不尽なことをいってくる親御さんがいる。

　昔もいた。おいらが教頭をやっている時もいた。ただ、その割合が、今はあまりにも多いのである。何故だろう？　多分、皆が言うからなのだと、おいらは思う。そういった方たちに言いたい。大学の第２外国語って、知ってますか？

　おいらは、確かドイツ語を専攻した。確かというのは、勉強した記憶がほとんどない。あれは、いったい何だったのだろうか？　と言った具合である。ほとんどの大学では、ドイツ語かフランス語を選択するようである。ここで言いたい。

「あの第２外国語にも高い授業料、私たち親は、支払っている

70

んですよね。ちょっと待ってくださいよ。うちの息子、娘、英語の会話もまだままならないのに、第２外国語など、やらせてどんな意味があるんですか？」とか、大学へクレームをつけるモンスターは、いないのだろうか？

　ちなみに、おいらの息子の通っていた大学には、第２外国語としてインドネシア語もあり、息子はインドネシア語を選択した。

　試験の前にテキストを見て、おいらがすらすらと読むとびっくりしていた。

「えっ、凄い。何で、そんなに読めてわかるの？」

「多分、住んでいたのと、シラットを学ぶ目的のためにインドネシア語を身につけたからだと思う。日本の語学勉強と目的が違うんだよ。だから、スペルはわからないし書けないよ」

　語学のペーパーテストで、高い得点を取ることが目的ではなく、語学って、異なる文化、環境に暮らす方たちとのコミュニケーションをもつための手段でしょ。手段が、目的になってはいけません。

武道とスポーツの認識の違い

　おいらは、小学校の教師であるが、ライフワークの武道を、中学校の体育に照らし合わせて、少し述べたいと思う。

　10 年ほど前、文・科・省は、青少年の健全育成のために、スポーツでない武道を経験する必要があると述べ、現在、中学校武道必修化となっている。

　おいらたち武道を行っている人間は、大賛成であった。しかし、がっかりした。中学で主におこなわれているものは、柔道や剣道である。

　おいらは、柔道や剣道そのものを否定しない。ただ、柔道や剣道とは、武道（柔術）から、派生したスポーツなのである。

　文・科・省は、現代の青少年は、スポーツは充分に体験しているが、武道の体験が少なく、青少年の健全育成のために武道を体験させる必要があると考えたから、体育、必修としたのでしょう。だったら、青少年に武道を体験させましょうよ。

　武道とスポーツとは、全く次元の異なるものである。この認識が、おいらたち日本人にはあまり理解されていない。残念なことに文・科・省も。

　簡単に言えば、武道とは、生きる術（すべ）である。生き抜く術（すべ）である。

　それに対して、スポーツとは、一定のルールに従って行い、楽しく、また見て楽しい。さらには、そのゲームに勝っても負けてもお互いの親交を深めるものである。

　武道の世界で、宮本武蔵を例に挙げると、彼は、今のスポーツの世界では、存在することすら無理である。なぜなら、試合の時間に遅れてくる。もちろんわざと相手より強い武器を持つ。弱い相手から殺す。

　スポーツでは、野球は、アメリカから伝えられたもの。ゴルフは、イギリスから伝えられたもの。柔道や剣道は、日本の柔術や剣術という武道から派生したもの。

　全てには、守るべきルールがある。おいらが、驚くべきは、柔道のゲームに体重別があることだ。ボクシングにも、ヘビー級とかライト級とかがある、そのための厳しい減量とかもよく聞く。

　何故なのだろう……それは、ある一定のルール下においては、大きい者、すなわち、体重の重い者のほうが絶対的に有利だからである。ヘビー級ボクサーとライト級ボクサーがゲームをしても、その勝敗は火を見るよりあきらかなのである。

　では、柔よく剛を制すという言葉は、どこにいってしまったのだろう。おいらたち日本人は、本当に呆れるほど情報に操作され、自分の頭で考えることがなくなった。というよりできなくなった。

　アマチュアとプロで、一番大きな差があるのは何であろうか？　答えは、相撲である。

　人気のあるプロ野球。高校生がドラフトで指名されると、かなり早く１軍で活躍する人もいる。即戦力とかいわれる。

　それに対して、相撲は違う。学生相撲と大相撲の力士、相手

にならないほどの差があるらしい。しかも、ここが大切である。

　体重によって、対戦相手を区別していない。だから、おいらは、相撲は純粋なスポーツではなく、国技だと思っている。

　国技、スポーツ、武道、おいらはそれぞれの優劣を言っているのではない。

　それぞれの得意性をしっかりと認識する必要があるのではないかと考えている。

　この辺で、この章は、閉じるが、実は、おいら柔術伍段で、居合道参段である。稽古着は、皆さん良くご存じの柔道着に袴を身に着ける。袴を……。

居合稽古中の著者

第5章

ここは、虎の穴？

著者が扮するタイガーマスク

国立大学教育学部附属小学校

　教師になって、ちょうど 10 年目、国立の附属小学校に勤務することになった。

　附属小がどんなところか、ろくに知らずに行ったのであるが、附属の教官も今までの公立小学校の教師も基本、担任をするが、それぞれ専門の教科がある。

　おいらは、体育と国際理解教育を専門とした。体育はともかく、国際理解教育の実践など当時は、ほとんどなかった。

　勤務内容は、激務そのものであった。初日、4 月 1 日の教官会議には、呆れた。この日は、仲間とゴルフの予定だった。「9 時から、教官会議が入ってしまったので、終わったら、すぐに出迎えにいくよ」と仲間に伝えた。その日、教官会議が終わったのは、23 時だった。

　その日だけでない。ほぼほぼ、やたら会議の長い毎日であった。

　車で、往復 3 時間。毎日 6 時に家を出て帰宅は、午前様。

　15 時頃までに子供たちが下校してから、また一日が始まるという感じであった。万年、睡眠不足で、よくも車の事故をおこさずに過ごせたと思う。

　教職の仕事は、意外に地味で孤独な仕事である。そして、こだわれば、際限なく仕事はある。

　附属小は、お互いに徹底的にこだわり抜いた教育活動の日々であった。仕事以外のことをする時間など皆無に近かったが、

勉強にはなった。30代中盤での附属での活動は、本当に勉強になった。

　だからといって、肯定はしない。多くの犠牲の上に成り立っているのも事実である。

　今、公立小・中学校でもブラックと言われている時代。附属小の勤務は、一体どうなっているのだろうか。

附属の親からのお手紙

　次のお手紙は、４年生の時に担任をした教え子のお母さんが、中学の卒業式に下さったお手紙の抜粋である。

　ご無沙汰いたしております。九年間の附属生活に別れを告げる日がやってきました。

　４年生の時でしたか…

「あの子は、今が岐れ路です。これから、すばらしい子になっていくか。とんでもない方向に向かっていくか…」

と、先生が仰言った言葉を今思い出しています。

「とんでもない方向」とは、決して悪い意味はなくて、普通ではない路で、何かをするという意味で理解しておりました。

　というよりまさに先生の仰言る通り、私には予想だにしていなかった〜中略〜卒業式、娘が１年生（小学校です）からお世話になった先生方や娘を見守ってくださった友人・父兄のお顔を思い浮かべながら、涙してしまうだろうなぁと、想像しております。

　世間一般（日本独特のぬきがたい保守的な、という意味で）の価値基準とは全く異なったところで、娘を見つめ育ててくださった對木先生に出会えたことは、今あの子が

「内申点や目先のテストの点なんかで人を判断なんかできないよ」

という考えに至り、先入観抜きで、友人たちの持つ才能や力量を認め、自分も「内申点なんかで判断されてたまるか」と意地を見せる素地を作ってくださったこと、ありがたいと心から思ってお

ります。

卒業にあたりまして、私の心からの感謝をお伝えしたいと思い筆を執りました。

ありがとうございました。　　　　　　（附属小　榊　玲子）

　次のお手紙は、今まで数えきれないほどのお手紙を頂いたお母さんからのお手紙である。今では、私の太極拳のお弟子さんでもある。

行事がたくさんある附属小に満足しているこの頃です。そして、年明け、1月27日28日には、大規模な研究授業があるとの事。そして、對木先生は、国際理解の研究授業をなさるとのお話で、子供たちもがんばってくれたらと思います。

国際理解の第一歩は、まず、その国の事を知る事だと思います。情報社会の今日、地球は益々狭くなり、近い将来には、地球国家になりはしないでしょうか。

この小さい中で、相変わらず貧富の差、戦争など際限もなく続いています。今、子供たちに国際理解教育で他の国を知り、交流を持つことは、人間、平等であり、人間を知るうえで、とてもこれからは、大事な大事な教育であると思います。

　　　　　　　　　　　　　　（附属小　小笠原　由乃）

国際理解教育

では、ここからは、国際理解教育について述べる。なるべく簡単に。おいらの実践を交えて。

学校と塾の違いは？　何でしょう。ほとんどの物事には、目的・ねらいがある。塾の目的は、大方入試に打ち勝つ学力をつけることだろう。入試がキーワードになる。だから、体育や道徳などは学習しない。

では、学校とは？　子供たちは、家庭・社会・学校で育つとよくいわれる。ここから、丁寧に書きますから、よく考えてください。

この50年〜100年の間、一番変わったところは、社会である。家庭もかなり変わった。ポジティブに表現すれば、便利に豊かになった。半面、心はどうなのか。

では、学校は？　最近、ようやくPCなど、導入されてきているが、家庭・社会ほどは変化していないだろう。この学校の成り立ちは、おおまかに次の3本の柱で成り立っていた。それは、各教科・特別活動・道徳である。

この3本の柱が、今では4本の柱になっている。それが、(総合的な学習の時間) なのです。優しく丁寧に書きますから、よく考えてみてください。何故、世の中が目まぐるしく進歩したのに、学校に柱が増えたのか？

実は、少々乱暴に言えば、元来、この総合的な学習の時間は、放課後の子供たちの遊びの中にあったのだ。

　この、放課後の学年を問わず、自然発生的に営なまれていた遊び・学習が総合的な学習の時間なのである。

　各教科と決定的に異なるのは、統一の課題がない。ということと教科書もない。ということだ。

　課題は、学習者自身が設定するのである。5年生だから、日本中、どこの小学校でも台形の公式の学習をするのではなく、高校生でも、中学生でも、小学校4年生でも、自ら設定したのであれば、同じ課題でもいいのである。

　自ら、課題を設定し困難を乗り越え課題達成を目指す学習である。この学習の小学校での一番難しいことが、この課題設定である。

　この総合的な学習の時間で、国際理解教育を行うと、例えば何でもよいのだが、私の場合は、次のように学習が展開した。

　子供たちと出会った4月からことあるごとに、私の大好きなインドネシアの話を子供たちに話してきた。しばらくすると、子供たちは、インドネシアという国に興味・関心をもつようになる。ここで、常に子供たちに日本の存在も意識させる。

　インドネシアと日本の関心が高まってきたところで、日本とインドネシアを比べてみよう。という学習へと展開していく。

　そして、ここからが大事である。自分は、一体インドネシアと日本の何に興味を持ち、学習していきたいのかを考えさせる。

　すると、これまでの経験から、次のようなものが出てくる。

　それは、・言葉・遊び・食べ物・気候などが出てくる。同じ課題をもった者同士がグルーピングしてもいいし、独りで学習

を展開しても良い。

　食べ物を課題としたグループでは
「先生、何故、インドネシアの方たちは、食べ物に多くの香辛料が使われるのかがわかりました。香辛料には、食欲をそそる成分があるのです。私たち、日本人は、夏に暑いからと言ってそうめんや水物ばかり食べていると夏バテしますよね。でも、インドネシアは、ずっと夏ですから、夏バテできないんですよ。ですから、身近にあった香辛料を使うことによって、体調を保ってきたのだと思います」

　この学習から、おいらたち人間は生まれてくる場所や環境を選ぶことはできない。でも、そこにある環境の中から、如何に心地よい生活をしていくかの工夫をしている。ということに気づく。

　もう一つの具体的実践として、こんなこともあった。本来、教師は自分の知識・理解にまでに子供たちを高めることを意識するが、この総合的な学習の時間は、教師の想いを乗り越える。

　具体的に日本とインドネシアの果物についての学習を進めているグループの出来事である。
「インドネシアには、果物の王様といわれるドリアンと女王様といわれるマンゴスチンがある。私は、インドネシアに在任中、毎朝、マンゴスチンを食べていました」と話していました。

　すると
「先生、私たちもマンゴスチンが食べたい。今、教室でみんなと」
「いや～、それは無理だよ。日本には売っていないし、みんな

が、将来、南国へ行った時に食べてみて」

「嫌です。今食べたい。先生、あそこにカレーショップあるでしょ。この前、家族で行った時、マンゴスチンゼリーっていうのがありました。先生、食べてきてみて」

　これが、総合的な学習のおもしろいところである。教師の発想を飛び越える。

　そのお店に行くと確かにマンゴスチンゼリーがあった。注文して食べると、それはマンゴスチンの香料を使ったゼリーであった。

　店長といろいろな話をすると、子供たちはこの学習に大変協力的になってくださり、神戸港にマンゴスチンが入り、そこからある市場に入荷され、ほとんどは高級料亭に売られるという。

　おいらは、子供たちにおいらが知ることのできた事実のみを伝えた。すると、

「先生、携帯電話貸してください」と。

　そして、市場に教室から電話して、マンゴスチンを手に入れる交渉をしだしたのである。その結果、勉強のためにみんながんばっていることが伝わり、特別に100個まとめて、1万円で販売してくれることになった。

　ここまでの取り組みでも大したものであるが、子供たちは、食べることをあきらめなかった。

「先生、1万円ください」

「あのね～、それは無理だよ」

「僕たちがこんなに頑張ってるのに。1万円あれば、食べれる

のに」

「ごめん、いくらなんでも、それは無理だよ。教頭先生だったら、どうかな？」

　子供たちは、職員室にまっしぐら、1万円をゲットしてきた。（もちろん、おいらはこの展開を見越して教頭先生と示し合わせていた）

　これで、何とおいらが1万円を持って市場へ行けば、あの果物の女王様といわれるマンゴスチンが100個手に入る。

　手に入れたマンゴスチン100個をとりあえず、給食室の冷蔵庫で保管してもらった。

　子供たちに手に入れたことを報告し、どうやって食べるかの話し合いになった。結論は、31個は、おいらたちと先生で、給食の時間に、30個は、家に持ち帰り、お家の人に。残りは、職員室で、先生たちで食べたら。ということになった。

　1・2年生の社会、理科の代わりに生活科というものが今はある。でも教科書がある。

　小学校4年生から、高校3年生までの総合的な学習の時間には、教科書もない。だからこそ。こんな教師の思惑を飛び越えるような学習が展開されたのだと思う。

　教室で、子供たちとマンゴスチンを食べた学習は、教師冥利に尽きた。

　おいらは、この国際理解教育を次の3つの理解でまとめた。

　それは、自己理解・他者理解・相互理解である。

　日本とインドネシアであれば、日本が自己になり、インドネ

シアが他者になる。自己は、よくわかっているようでいて、意外とわかっていない。

　他者を理解することによって、深まる自己理解もある。そして、それが相互理解へと繋がって行く。

大人の総合的な学習の時間

インドネシア赴任中に学んだインドネシア拳法「シラット」の書籍を出版した。自分が本を出版するなど、全く考えたこともなかったが、貴重な体験をすることになった。

実は、これも総合的な学習であった。つまり、ひょんなことから、壮神社の社長に出会い、本を出版しようという具体的目標ができた時、書籍を出版するということが、おいらにとっての大きな課題となった。

この課題を達成するためには、幾多の困難が待ち受けていた。

○ 本を出版するなら、もう一度インドネシアの師匠の元を訪れなければならない。
○ いつ、行くのか？　子供たちが夏休みの８月？
○ 費用は、どのくらい必要なのか？　どうやって、調達するのか？

問題山積であった。それら一つひとつを乗り越えて、課題を達成する。

すなわち、書籍を出版することを目指して努力した。

本を出版することなどみじんも考えていなかったおいらは、社長から、出版日をお聞きし、新宿の紀伊国屋へ行き、シラットの本を確認し、少し離れた所から見守り、ある男性が手に取りレジにて購入するのを確認し、遠くからお辞儀をした。

　本は、読むもの。よく考えてみると、書く人がいるから読めるんだ。という当たり前のことに気づいた。

　この出版の経験は、その後の TV 出演にもつながっていった。TV も出る人がいるから、見ることができる。

　本を書いたり（「インドネシア拳法シラット」基礎編）、TV（日本 TV たけしのスーパージョッキー）に出演するということは、かなり非日常の出来事であり、ドキドキわくわくした経験をすることができた。

■第6章■

休職と学会発表

頸椎椎間板ヘルニアで、1年間の休職

　長い教員生活の中では、いろいろ予期せぬことが起こる。

　武道の世界にも身を置きがんばってきたつもりであるが、流石に無理が祟ったのか、ある日、首と肩に激痛がはしった。

　病院で、MRIの精密検査の結果、頸椎の4番と5番の間の椎間板が飛び出し脊髄を直撃していると言われ、即、入院＆手術だという。しかも、この手術、頸椎の中でも正中型といい最悪な状態だという。

　そして、手術をしても完治の確率は半分だという。うまくいっても、手術後3か月の絶対安静とその後の半年のリハビリが必要であり、うまくいかなければ、首から下が全て麻痺して動かなくなるという。

「そんな手術受けれません」とドクターに話すと徐々に険悪なムードになってきた。そしてドクターは、

「何を迷われているんですか？　あと、3か月で切れますよ」と言う。

「わかりました。手術で動かなくなるということは耐えられません。自然と3か月後のほうが、まだ自分の運命と捉えられます」

　病院を出て、結果的に1年間の休職をすることになったが、その間、整体・気功・漢方などありとあらゆることを試した。

　その結果、おいらの病は、何と自然治癒したのだ。完治後、おいらに手術を勧めたドクターに偶然会い、おいらが普通に歩

く姿を見て、

「こういうのを奇跡というんですね」と。

　奇跡じゃないでしょ。西洋医学の範疇では治せないということでしょ。

　1年後、学校に復帰すると担当学年は、また5年生であった。この学校での勤務7年間の担当は、5年〜6年〜休職〜5年〜6年〜5年〜6年であった。高学年手当がほしいくらいである。

　本来、一番、優しさや情や情けがあってしかるべきだと思うのが学校の社会だとおいらは思うのだが、その場さえ、自分さえ無難に生きられれば、それでいいのかな？

　休職期間中、それほど親しくない知人に限って、よく電話がかかってきた。

「對木さん、入退院を繰り返されているようですが、大丈夫ですか？」

「私、入院など、していませんが」

　自分が、非日常の立場に身をおくと、面白いほど、周りがよく見えた。その後の人生でも。

　嶋津先生という当時、特別支援学級の担任をされていた先生がいらした。

　嶋津先生は、ちょっと孤独感漂う寡黙な方だった。朝、7時には、もう教室にいらっしゃる。おいらは毎日8時少し前に嶋津先生の教室に行き、お茶しながらとりとめのないお話をして一日が始まった。

嶋津先生は、おいらの休職中、1か月に一度は我が家を訪れてくれ、

「先生、大丈夫？　手術なんてしなくても、きっと先生なら良くなるよ。良くなって、また私の教室で、お茶しようよ。毎日のあの時間、本当に幸せだったよ。先生がいないと、つまんないよ」

　いい大人の誰も知らない教師同士のおいらにとっては、一生忘れられない会話だ。心から感謝の想いでいっぱいになった。

　そして、この闘病の1年間を2冊の書籍で出版した。

　　○ 自然治癒力の実証（壮神社刊）
　　　（紙の書籍のみ）
　　○ 最高の名医は、自分自身！（壮神社刊）
　　　（紙の書籍と電子書籍）

学会発表してくれませんか？

　復帰して数か月後、1本の電話があった。四国の国立大学の教授からであった。もちろん、面識などない。

「對木先生ですね。実は、私は大学の教授で、あなたのシラットの本を手にして連絡させて頂いているのですが、今度、東大で、第５０回体育学会があります。シラットについて、20分間、発表することができますか？　学会で発表して頂きたく、お電話しました」

　この後、実際に東大で本当に学会発表することになる。好きなことを一生懸命活動していると、いろいろなことを経験するものである。

　いまでは、この教授とは友人みたいになっている。わくわく、ドキドキする人生、幸せである。

　この学会発表は、武道専門誌でも掲載された。

　印象に残っていることを1つ。某大学の先生が「サッカーの右30度と45度からのゴールに至る確率の一考察」正確には覚えていないが、こんな内容であった。

「これが、学会発表？」と隣にいた教授に聞くと。

「そうですよ。誰がこんなことの研究をするのですか？」

　この後、

「對木さん、来月一緒にインドネシアへ行こう」と言われる。

「来月？　行けるわけないでしょ。学校があるでしょ」

「そうか、私は1年間、早稲田に籍があり、どこへでも好き

に行って、研究できるのだが」

　小学校の先生と大学の先生。同じ先生でも、随分と待遇が違うなと感じた。

スポーツ人類学会発表の記事（雑誌：BUDO-RA/2003年7月号）

保護者からのお手紙

　次は、子供たちと総合的な学習の時間で、シラットの型の稽古をしている時に演武に必要な竹の棒を人数分切って寄贈してくださった、お母さんからのお手紙である。

對木先生
先日は、学校の大切な時間の中、細かなお心遣いをいただきありがとうございます。思いがけない子供たちの手紙に嬉しく感動し涙が溢れました。子供たちに、手紙を読んでいただけたら、幸いに存じます。

５年３組のみなさんへ
この度は、私が竹の棒を作った事に対して、お手紙をくださって、どうもありがとうございました。皆さんからのお手紙は、思いがけないプレゼントで大変うれしかったです。ずっと大切にとっておきたいと思います。
皆さんの文面から拳法に対しての真剣さが伝わってきて、練習風景が目に浮かびました。
私は、小学校のころから、何でも器用に出来る方ではありませんでした。現在でもそうです。毎日の生活の中で、料理も掃除も……そして、今回の竹の棒を作るにしてもです。
でも、何をする時にも「いつでも、一生懸命」という言葉を思いながら生活しています。

皆さんの「もっと、上手になりたい」また、「上手になります」という言葉に強い意志力と清らかで真っ直な心を感じ、なんて、素晴らしい子供たちなのだろう。と感動した。

是非、ケガをしないように、一生懸命に練習して下さい。応援しています。また、棒が必要な時は、いつでも言ってください。

学校の大切な時間の中、すばらしいお手紙をありがとうございました。

創造的な学習

電線に連凧が……

国際理解教育の一環として、学年（3クラス、120名ほど）で連凧を作り挙げた。

それぞれの凧は無色のビニルで、そこにサインペンなどで自分で選んだ国の名前と絵を描く。児童一人ひとりが一つの凧を作り連ねて、挙げる。

穏やかな風が吹いていれば、最初の5～6の凧が挙がれば、おもしろいように連なって挙がるものである。まるで、どこかのCMのように。また、120ほどの凧をあげ、その糸を一人で支えるのには、想像以上の力がいる。

子供たち一人ひとりに、この風に靡く連凧を支えるのに、こんなに力が必要なのか。ということも体験してほしかった。こういった学習は「百聞は一見に如かず」体験に勝るものなしである。

そんな中、何と途中から凧の糸が切れてしまった。悲鳴に近い子供たちの叫び声とともに連凧は、電線にからんでしまった。

職員室に戻り、教頭先生に事情を伝え、東電へ電話していただいた。東電の方たちは直ぐに来てくださり、収納式クレーンのような特殊車両で、丁寧に連凧を取り外してくださった。おいらと子供たちは、東電の方へ

「ごめんなさい。もうしませんので許してください」

すると、東電の方が

「みんな、何言ってるの。楽しそうなお勉強じゃないですか。

やめるなんて、言わないで、また、挙げてくださいね。電線に
ひっかっかったら、また取りにきますから」
　子供たちは、予期せぬ言葉に感動した。もちろん、おいらも。
ありがとう。東電の皆さん。

上記 3 点とも当時の模様（学級通信から）

わたしのマンションは、1億円

　何かの用で、クラスの靴箱を見ている時、隣の1クラスほどの靴箱が空いていることに気づいた。そこで、次のようなことが閃いた。

　子供たちに、それぞれ気に入った場所の靴箱を一つあてがい、それを自分のマンションとしたら面白いのでは？　どの時間でやるのか？　そんなこと、何も考えていない。とにかく、今閃いたことを子供たちに話してみようと思った。

　その時の想いはひとつ。こんなことをしたら、学校がもっともっと楽しくなるんじゃないか？　もちろん、こういった閃きの授業を行うにあたっては、当該学年、校長、教頭などには、事前に承諾を得ておくことは当然である。

　そのマンションの名前は「ついキングマンション」である。

　『ついキング』というニックネームは、教師人生の中盤から、呼ばれるようになった。命名は、当時4年生の女の子である。

「對木先生、私、夏休みに思ったんだけど、對木先生の對という漢字の中に王様の王という字があるよね。だから、對木のついと王様のキングで、これから『ついキング』って呼んでもいい？

　『ついキング・マンション』の管理人が、おいらである。

　ついキングマンションの2Fの3号室があなたの部屋というように。

　その後の子供たちのマンション制作の姿は、見ていて楽し

かったし感心させられた。

　靴箱には、中に仕切りがある。この仕切りの上が寝室。下が
キッチンや TV、机など家から持ち寄ったもので作り上げてい
く子が多かった。話は、ここで終わらない。

　靴箱は、まだ 10 個ほど余っていた。

「先生、校長先生に売ってもいいですか？」

「もちろん」

「何人かの子供たちが職員室へ行き、校長先生などにマンショ
ン買いませんか？」と。

「マンション？」

「そう、マンション、1 億円です」

　マンション建設？　のきっかけは、おいらが与えたが、その
後は、子供たち一人ひとりの考えで展開されている。

　中には、放課後お母さんを連れてきて一緒に自分のマンショ
ンを飾っている姿もあった。

　子供たちの目は、皆輝いている。何故だろう？

　固い言葉でいえば、自らが主体的に活動する学習であるから
であろう。

　ひょんなことから、閃いた靴箱でのマンション建設であった
が、おいらの脳裏には刻まれた子供たちの姿があった。

ある お母さんからのお手紙 -1

　小学 2 年生の担任を終えて、あるお母さんからいただいたお手紙である。

　對木先生

　この 1 年間、本当にお世話になりありがとうございました。子どもにとって、いろいろな先生と出会い、たくさんの体験が必要だと考えております。

　娘は、小学 2 年生で對木先生に出会え、とても幸せだと思います。インドネシアの話を通して、貧しい国の人々の生活から、自分は何ができるか考えさせられたようで、人間として内面がとても成長することができたようです。

　充実した 1 年であり、本人にとっても忘れられない先生になるでしょう。

（荒井）

ある お母さんからのお手紙 -2

對木先生

新年あけましておめでとうございます。我が家にとっては、正月もない新年となりました。子供の受験で、子供よりも落ち着きのない正月を向かえているように思われます。受験生を抱える親としては、先生のようにどっしりと構えられる気概にあやかりたいです。

昨日は、いよいよ入学願書記入にあたり我が家の仏壇に大切に掲げてありました調査書封筒を開封させて頂きました。對木先生の真心のこもったお手紙に主人も私も大変感動致しました。足を運んで、お守りまでご用意して頂き、本当にありがとうございます。先生の、そのお気持ちだけで、感無量の涙がこみあげてきました。どのような結末を向かえても悔いなく頑張ってこれたと思っております。それもこれも、クラスの皆さんや最終学年の担任になって頂けた對木先生の影響は強かったと思います。

歴史の楽しさ、武道を通して信念を貫く精神力を学ばせて頂けたと思います。本当にありがとうございました。

對木先生から頂いたお手紙は小さくコピーして試験の時もお守りにさせて頂きます。

幸一にとって、生涯の恩師として、引き続き、ご指導、ご鞭撻お願い申し上げます。

　本当に先生にめぐり逢えて、幸一にとって良かったと思っております。　　　　　　　　　　　　　　　　　　（高村幸--の母）

103

不審者対応避難訓練とは

　公立小学校の教師は、通常、担任と各種の公務分掌を持たされる。おいらの一番力を入れてきたものは、「総合的な学習の時間の国際理解教育」と「安全指導」である。

　ここからは、不審者対応避難訓練について述べる。

　正直これは、未だしっかりとは確立されていない。否、誤ったことがはびこっていないだろうか？　ぜひ、一緒に考えてほしい。

　池田小に宅間守が侵入し、児童・教職員を殺傷する事件が起きてから、全国つつ浦々の学校の門扉は閉められるようになった。

　逆をいえば、それまでの日本の学校のほとんどの門扉は、365日24時間、開け広げられていた。つまり、それで何の問題もなかったということであり、ある意味本当に幸せな世の中であった。

　そして、各学校には、火災避難訓練・地震避難訓練に加えて、不審者対応避難訓練というものができ、刺又という江戸時代の物騒なものが配備されるようになった。

左から突棒・袖搦・刺又

●刺又って、何だ？

　この疑問から、新たな教育活動が始まった。

　世の中にあるものが全て正しいわけじゃない。皆さんも教師になったら、否、教師でなくとも、疑問を持ち、真実を追求していくことは、大切なことである。

　そういったことを、日々子供たちに声を大にして話している教師自身は、本当にそういったことを実践できているのか？

　不審者対応避難訓練というものにおいらは、魂を込めて取り組んできたことによって、多くの誤りが見えてきた。では、具体的事実を述べる。

　まず「刺又」に疑問をもち、箱根の関所跡を訪ねた。

　そこでわかったことは、江戸時代、役人は、1人の下手人を取り押さえるのに、実は刺又一本ではなく、刺又、袖搦、突棒の3種の武具で取り押さえていたようだ。

　具体的には、突棒で抑え、袖搦で袖を抑え、刺又で腿を押せる。というか、刺又には、例え切断してしまってもかまわないように刃がついている。

　ここで、3つの武具を使って取り押さえることがわかった。と同時に新たな疑問が沸き起こってきた。

　つまり、刃物などを振りかざしている不審者を取り押さえるということは、並大抵のことではないのである。

　現在、各学校に3本ずつの刺又もどき（ここからは、刺又もどきと記す）が配備されている。

　ここで、悲しい現実を記す。教職員にあなたの学校には刺又

がどこにありますか？　実は、これすら、まともに答えられない教職員がいる。

「え〜と、1本が事務室。1本が職員室……」

　もう1つの事実を言えば、実際に刺又を使っての訓練がほとんど皆無なのである。

　不審者対応避難訓練を考える時、おいらの武道の経験は大変役立った。

　刺又を不審者対応避難訓練で使ってはいけない。使う必要がない。

　この考えは、既存の地震避難訓練と火災避難訓練を考えればわかりやすい。地震と火災と不審者の三者に共通していることが、2つある。それは、

　○ 命にかかわる。

　○ いつ起こるかわからない。

である。

　次に何故、地震の時、おいらたちは、机などに身を隠すのか。それは、隠さないより、安全が確保されると考えられるからであり、その訓練を小さい時から、何度も繰り返しているからである。

　インドネシアの子は、隠れない。おろおろするばかりである。

　では、火災避難訓練は、どうなのか？　この考えは、そのまま不審者に応用できる。

　火災避難訓練の時、その避難経路は、大抵二か所くらいある。よくあるのが、給食室から火災が発生した時は、A避難経路。

　理科室から、出火した時は、B避難経路のように。つまり、いかにして子供たちを火元から引き離すかの訓練である。

　火元から効果的に逃げるのである。では、火災はどうするのか？　プロが消すのだ。119番に電話して、消防士の方が。

　このことを不審者にあてはめてみる。

　まず、現在のわが国での不審者とは、刃物をもって、教職員や子供たちの命を奪いにくるもののことである。

　刃物を火の元と考えてみてほしい。火元から、子供たちを遠ざけることが大切になりますね。

　ここで、刺又もどきを考えてみましょう。なぜ、不審者を取り押さえることに対して、全くの素人の教職員が、刺又もどきをもって、火の元に飛びこまなければならないのであろうか？　子供たちの避難誘導は、どうするのか？　次のように考えては、どうだろうか？

　刃物よりも確実に制圧できるものは、ピストルである。日本には、ピストルを持った警察官がいるではないか。火災を消防士が消すように。

　不審者は警察官が制圧するのだ。警察に通報して、現地に到着するまでの平均時間は、７分３０秒ほどだ。ということは、おいらたち教職員の不審者避難訓練の役目は、いかにして子供たちを不審者から、10分間ほど遠ざけるかである。

　実は、これらの考え方は、武道の考え方にも相通ずるところがあり、おいらは、神奈川県下で小・中・高100校余り、5時間目の授業の学習として、全校児童・生徒を体育館に集結さ

せて外部講師としての学習をしてきた。

　また、各学校で、先生方を対象にした講演会も多々行なってきた。そこで、いつもおいらは次のような問いかけを先生方にしてきた。

　「こどもの命は、大切だという言葉をよく聞きますね。それでは、本校におかれている刺又って一体何ですか？　わかったら手を挙げてください」

　結果は、たいてい残念ながらいない。

「皆さんの学校にも疑問に思い質問される先生方は、いないんですか。子供たちの命にかかわることですよ。箱根の関所に行ってみてください。遠足で行かれる学校もあるでしょう」

　皆さんに、おいらが呆れた一つの事実をお話する。おいらが、ある学校に赴任した始めての職員会議でのことだ。不審者にかかわる内容である。

「本校では、不審者が侵入したら、教頭先生が放送で『放送テスト中、放送テスト中』と放送します」

　おいら

「何故、こんな暗号のような放送をするのですか？」

　このおいらの質問の答えにあいた口がふさがらなくなってしまった。

「それは、不審者を興奮させないためです」

　この学校の教師は、みんなこのことに疑問をもたずに過ごしているのだろうか？　子供の命は、大切だと言いながら。

　不審者は、とっくに興奮しているのに。おいらたち一般人は、

例えば銀行で、強盗が本物の拳銃を天井に威嚇射撃したら、腰
を抜かしてしまうかもしれない。そういった事実を、おいらた
ちは、あまりにも知らないのである。
　この不審者に対応する授業、講演会をたまたま息子が見る機
会があった。その講演会の後、
「お父さん、教師が天職だね」と言ってくれた。
　息子に教育活動の一端を見せ、それが天職だと言ってくれる
ほど幸せなことはないであろう。
　我が国に、この不審者対応避難訓練の正しい考え方が復旧し
ていくことを願うばかりである。
　関連書籍＆ DVD をこれまでに 2 作品、壮神社から出版して
いる。

　　書籍
　「不審者対応　in　JAPAN」（紙の書籍と電子書籍）
　　DVD
　　文部科学省選定作品
　「現役教師がおくる誰にでもできるワン・ポイント護身術」

地獄と天国

悩みぬいた1年間

　すでに 10 年以上前のことであるから、書くことにする。

　50 代になり、新たな学校へ転任した。また、5 年生の担任である。ここは、2 年間の持ち上がりのようであるから、そのまま 6 年の担任になり、8 回目の卒業生をおくることになるのか、と漫然と考えていた。

　若い男性教諭と同年代の女性教諭の 3 名で 3 クラスである。新しい学校にも子供たちにも慣れた 6 年の担任になった 5 月のゴールデンウィーク明け。子供たちと給食を食べている時に「5 時間目は、体育だから、いつものように朝礼台の横でグループごとに準備体操をして、並んでおくように」

　何でもない、普段通りの指示である。

　そして、朝礼台へ行くと 5 人の子供たちがいない。校庭の隅で遊んでいる。連れてこようと行くと逃げる。指示に従わない子供たち。

　去年 1 年間、何の問題もなかったクラスだったのに。放課後、呼んで説教をした。なんの効果もなく翌日も指示に従わない。初めての経験である。

　放課後、一人ひとり呼んで話を聞くことにした。
「先生の悪いところがあれば直す」
「別に」
「じゃあ、あしたは、皆に迷惑をかけずに過ごせるのか？」
「多分」

　どの子も全く効果がなかった。

　学級崩壊という言葉というか現象がある。

　おいらは、これまで、学級崩壊といえるクラスをいくつか見てきた。そして、内心その原因の大方は、学級担任にあると勝手に思っていた。ときには、そのクラスの担任に

「5時間目、俺が授業していいかな？」などと言って、今にして思えば随分と、いらんおせっかいをしたものである。

　今、おいらの目の前、おいらのクラスで起きている現象は、学級崩壊とまではいかないが、担任のおいらの心中は穏やかではなかった。

　それまで、何の疑問も抱かずにしていた子供たちへの指示が通らなくなった時、自分の無力感を嫌というほど感じた。夜、眠れなくなった。

　医者に行き睡眠導入剤を処方して飲んだ。飲み始めは効くが明け方には目が覚めてしまう。

　今の時代だったら、心療内科にでも行くのか？　朝は、直接、学校へ行けない。途中のコンビニの駐車場で何の解決にもならないが、その日一日を思い巡らす。

　誰にも相談しなかった。信じられなかった。俺がこんな思いになるなんて。そして、今まで、学級崩壊の先生に対しての自分の言動と先生たちの苦しみ悩みを痛いほど思い知った。体験に勝るものなし。である。

　忘れられない言葉がある。

「明日から、迷惑かけずに学校生活を送るといったって。これ

まで、なんども同じこと言って、できないじゃないか。どうしてなんだ？」とおいらが問うと

それに対する子供の反応は、
「おらにも、わからない」
　この時、体から脱力していくのを感じた。
　給食の時、用事があって、職員室へ行くと級外の方々が、楽しそうに給食を食べている。無性に腹が立ったのを覚えている。
　例えば、1台の車を作ることを考えてみれば、エンジン担当、ボディ担当、タイヤ担当とか、いくつかの担当者が集まって1台の車ができるのだと思う。でも、小学校の学級担任は違う。
　基本、担任が1人で、そのクラスの車を走らせなければならない。うまく学級経営が回っている時は楽しい。本当に楽しい。しかし、ひとたび、歯車がまわらなくなると、地獄を見る。
　学校中の職員が、ある意味みな敵に思えてくる。一番堪えがたいことは、同僚に指示されることである。
　教師にたいして、教師がその教師の教師になって、ものを言われるほど嫌なことはない。これも、体験しないとなかなかわからないかもしれない。
　このクラスをおいらは、おいらなりに必死で経営した。そうしたが、とても元に戻ったとはいえなかった。
　卒業式がある意味解決になった。
　卒業式の後、おいらたち担任3人は、校長に校長室に呼ばれた。
　そこで、校長はおいらに

「よく、がんばってくれた。いつも５・６年の担任のようなので、来年度の希望をかなえよう」

「本当ですか？　５・６年生以外なら何年でも」

　職員室に戻り、若手の先生から、

「これで、また５年とかなったら、漫画の世界ですね」

「大丈夫。あんたも聞いていたし、校長と握手までしたからね」

　４月の職員会議での担任発表で

「５年１組の担任は、對木先生にお願いします」

　漫画になった。

　校長が嘘をつくな。１年間をそんなに無難に過ごしたいか。そんなに部下より自分がかわいいなら、希望などきくな。と本気で思う。

　数年してあるコンビニで、

「先生」と声をかけられた。当時の一人であった。

「６年の時、覚えてるか？」

「はい。ごめんなさい」

　声をかけてくれたことが、嬉しかったし、あやまったのには、驚いた。時が経てば、人は……。

最高の１年間

　昨年の１年間は、本当に教師の大変さ、辛さを思い知った１年でした。

　でも、今となっては、ある意味体験できたことは、本当に良かったと思える。なぜなら、今までも何度か使ってきた言葉『体験に勝るものなし。』であるから。

　そして、今年もまた高学年５年の担任、39名。今の時代。子供の数が多い。あと３名転校生が来れば、81名で３クラスになる。しかも、この学年、去年、崩壊している。

　心機一転頑張ろうと、総合的な学習の時間で、太極拳やインドネシア拳法シラットを行なった。子供たちは、必死で型を覚え身につけようとがんばっている。
「先生と児童、先生と生徒、師匠と弟子って、どういう意味なんですか？」

　そんな質問をする子もでてきた。
「自分で調べてみな」

　今なら、スマホの検索ですぐに答えが出てきちゃうんだろうけれど、なかなか正解がわからない。ある意味、いい時代でした。

　質問してきても、基本おいらは答えは言わない。「疑問に感じたなら、まず自分で、あるいは仲間と調べてみな」何故なら、そういった活動をしないと、自分の血や肉にならないと思うから。

　１つだけ、子供たちに教えたことがある。

　それは「武道は学校の勉強と違って、テストをして、100点をとったから合格みたいなことではないのだよ。今から、皆さんに言う言葉は私の師匠からお聞きした言葉です。太極拳の型ができるようになったからといって、できたなんて思ったら大間違いだよ。お前、初め太極拳の型など何も知らなかった。それが稽古を積み重ねることによって、できるようになった。今おまえは点数でいえば、50点だ。ではあと、50点は何だと思う？　伝えるんです。私があんたに伝えたように、今、太極拳など、何も知らない人に伝えることができて、その人が太極拳の型ができるようになってはじめて、あんたの太極拳の型は、100点になるんだよ」

　これを聞いた太極拳のグループの女の子たちの行動に感心した。次の総合的な学習の時間の授業から、太極拳のグループに校長先生が加わっているのだ。しかも、よく見ていると彼女たちが校長の師匠になっているのだ。

　小学生の立場で、校長先生に物事を教えるなんて、普通ありえませんよね。子供たちも校長先生も真剣そのもので、太極拳を行っている。とても良い風景でした。

　今までの、おいらの経験から、5・6年の男の教師は、得てして女の子から嫌われるものである。

　でもこのクラスは違った。やさしさもいっぱいあふれていた。来年のこのクラスの6年の担任は、当然、おいらだとおいらも子供たちも思っていた。

　しかし、現実は、おいらは、他校の教頭になってしまった。

離任式の時、挨拶をしたあと、体育館で本当にこの子らと抱き合って泣いた。

　思い悩んだ1年と最高にハッピーだった1年。教師も生身の人間。子供たちと毎日真剣勝負である。だから、やりがいがある。

　教頭になる2年前の1年間。地獄を見る体験も今となっては、大変貴重な1年間であったし、その次の幸せな1年間も同じく大変貴重な1年間であった。

道徳の教科化とは

次に道徳についても少し述べたい。

第5章で述べたように、学校は3本（各教科・道徳・特別活動）の柱で成り立っていたところに、総合的な学習の時間が加味されて、4本柱になった。と理解していたところ、昨今、道徳が教科化されたという。まず、教科でなかった時の道徳について確認しておきたい。

本来道徳は、学校生活全体ですべきものであると言われてきた。国語の教科学習の中にも、体育の中にも休み時間にもそのチャンスは、いくらでもあった。

「そうなんだぁ。でも、道徳の時間ていう授業もあったよ」

その通り。では、学校教育全体で行うべき道徳が時間割の中にあるとは？

それは、年間35時間の特設の時間であって、本来、その時間を使って、日常行っている道徳教育の補充・深化・統合するための時間なのだ。

ここまで、ご理解頂けたら、週1回の特設時間にTVを視聴して、感想言って終わり。っていう授業でいいのかな？

これまでの道徳教育の大まかが確認できたところで、この大きな柱の一つであった道徳が教科になるという。

本来、教科で分ける必要などないのである。総合的な学習の時間のように、その1つの学習の中に、国語も算数も、あるいは、市場の方へ実際に電話をかける時の言葉使いとか、礼儀とか多

くのことを学んでいるのである。

　そこで、おいらが想う危惧は、何故教科にしたのかということである。

　すなわち、教科にすると教科書が登場する。教科書が登場すれば評価するようになる。道徳をですよ。本当にそれで、いいのだろうか？

　ビートたけしも、北野武という本名、『新しい道徳』という題名の書籍を出版している。

　今、一人ひとりが、真剣に考える時であろう。

■第9章■

異なる窓からの風景

担任から教頭へ

担任から教頭になった。総括教諭になった途端、校長に呼ばれた。そして、突然教頭になった。

丁重にお断りしたが、その時の校長が

「君の言うように定年まで、一教諭でも全然構わない。でも、私は君には、違う窓からの風景も是非眺めてほしいと思う」

この時、この校長先生は、なんと、

「ついきちゃん、まだ道場やってるの？」と言われ、なんと、おいらのお弟子になった。

それから、おいらたちは、スーさん、ハマちゃんと学校外では呼ぶようになった。人生、摩訶不思議である。

最高の５年生の子供たちと別れて、しかも他校へ転任して教頭になった。

確かにそれまでの風景とは全く違った風景であった。

はっきり言って、こんな仕事は教師じゃない。しかも、おいらは学級通信で、ワードにインプットはできるが、PCはほとんど扱えない。

１日12時間もPCとにらめっこして、学校のNo.2？。冗談じゃない。やっていることは、何でも屋じゃないか。

朝、出勤し先生方が各教室へ行くと、校長が

「教頭さん、きょうの締め切りは？」

教育委員会から山のような書類の山である。しかも、それぞれに締切日がある。

　全てが初めての教頭職。しかも新しい学校。何もわからない。
ほぼ、毎日、校長は出勤されると椅子を右に回し（おいらのほ
うを向き）おいらの書類のアドバイスを給食の時間まで、付き
合ってくださった。

はじめてで、できるわけがない

　ゴールデンウィーク明け、おいらは校長室へ行った。
「どうした、教頭さん」
「校長、1つ質問があります。この1か月間、新米とはいえ、あまりにも馬鹿らしい初歩的ミスを私3つはしました。なのに、何故、校長は怒らないのですか？」
「教頭さんは、数か月前まで学級担任でしたよね。私は、数年前まで、中学校に勤務していました。小学校のことなど、さっぱりわかりませんでした。教頭さんも同じなのでは？　はじめての仕事、わかるわけないじゃないですか。来年、同じミスをしたら、叱りますよ」
　初めて仕える校長がこの方で良かった。本当に良かった。
　こんな、教頭時代のスタートであったが、振り返ってみるといくつかのドラマがあった。

124

池の復活と庭師

　この校長だったからこそのドラマであったと思う。
　職員室の目の前に豪華な池の跡がある。調べてみると、どうやら20年前にPTAが何かの行事の記念に制作したようである。
　ただ、現在は水も枯れ果て、とても池とはいえず、もちろんメダカ一匹いない。
　ただ、この枯れ果てた池の前を子供たちは毎日登校している。
　そして、おいらは余計なことを校長に口走ってしまった。
「金魚でもいいから、池を復活させて泳がせれば、子供たち、喜びますね」
「そう、じゃあ、やったら」
「えっ」
「池を復活させる公務分掌なんてないでしょう。言った人がやるんですよ」
　マジですか？　このくそ忙しい中で。
　数日後、1人の庭師が校長室にきた。
「池の復活ですか？　かなりの費用がかかりますよ」
　これがドラマの始まりであった。結果は、校長が率先だって、地域の重鎮を駆け回り、多額の寄付を頂き完成した。
　この元校長先生とは、今でも年に数回お会いするが、懐かしい楽しいお話は、この池のことである。もしかしたら、これも、おいらたち大人、管理職の総合的な学習の時間であったのかもしれない。

池を復活させるという課題を設定して、もちろん評価などされない。そんなことは、どうでもいい。教科書もなく、自ら設定した課題に向かって、校長先生、もちろん先生方、地域の方たちも巻き込んでの大変だったけれど、一生忘れられないドラマになった。最終課題は、子供たちの笑顔である。

　復活に携わった方々へは、校長自前の感謝状を贈った。

　今でも、時々見に行くが懐かしい思い出である。

「誰が、こんな鯉の飼育など、大変なものをこしらえた」などの苦情がないことを願って……。

糖尿病＆歩行障害＆老々介護＆早期退職

教頭２年目。おいらの身体に異変が起きてきた。

80ｋｇあった体重が、半年で53ｋｇになっていた。マイナス27ｋｇ減である。糖尿病である。それもかなり、重度の。

本書の趣旨と離れるので、事実のみの掲載とさせて頂く。

やがて、両手指先＆両膝＆足の裏の痺れも生じてきた。３大合併症か？

精密検査の結果、この痺れは、頸椎からきていると考えられ、糖尿病とは関係ないとのこと。

学校の校舎の外壁の塗装工事が始まった。その窓口は、もちろん教頭である。何でも屋さんだから。

工事現場で、つんのめって転んで、前歯を２本破損してしまった。この日以来、杖をついての歩行となった。悪いことは、重なるものである。

丁度、このころから父から頻繁に電話がかかってくるようになった。お母さんの具合が悪いと。

２か月に１度くらいの割合で、救急車で市立病院のお世話になるようになった。

母のことも、もちろん心配であったが、父の様子をみて愕然となった。これは、老々介護ではないか。

実家から離れて30年余、このままでいくと数年後のおいらの還暦の頃には総くずれになってしまう。そういえば、20年ほど前、１年ほど休職をしたら、身体が自然治癒したことを思

い出した。

　そうだ。やめよう。やめれば何とかなるかもしれない。

　57歳、教頭で、早期退職を決断した。

第10章

人生、まだまだ！

整体師とジャカルタ

　とりあえず、父と一緒に母の介護の世話をしようと腹をくくり退職したわけであるが、おいらの退職と同じくして、母の認知度が悪化し、特別養護老人ホームへ入居することになった。

　退職して「日本人学校の有志による還暦を祝う会」で、京都や長崎に行ったり、知り合いのつてを頼りに足の治療で、大分県湯布院在住の整体師を訪ねたりしていた。その整体の先生のお宅で、10日間ほど療養した。

　足の完治には至らなかったが、何とその先生の弟子になり、整体の免状を授かることになった。そう、整体師になりました。人生摩訶不思議である。

　湯布院から帰宅すると、すぐに今度は、インドネシアのジャカルタのシラットの友人、アフマッドさんから訪イの誘いが。

　杖をつきながら、20年振りのジャカルタを訪れた。

　シンランバ派の方々15名が、結局1週間ずっと、道場での稽古見学やタイップ師匠の墓参り、食事など全てに同行してくださった。

　皆、立派な大人で、それぞれ仕事をされている。訪イして、3日後の昼食時、アフマッドさんに、

「きょうは、水曜日で平日、皆それぞれに仕事があると思うんだけど、どうして、こんな昼間から道場に来れるの？」

　アフマッドさんは、呆れた顔をして、

「對木さんが、日本から1週間、来られるというから、皆、仕

130

事を休んでるんですよ」

　おいらは、相手がどんな役職をしていようが、へでもねぇ。だけど、自分にできない事をする人を、心から尊敬する。

　アフマッドさんが、1 人で日本に来られたら、おいらは、友達 15 人で 1 週間、接待できるのだろうか？　無理でしょ。

　ユイさんという 60 歳の高弟と大変波長が合い、とても仲良くなった。

　滞在の最終日に、アフマッドさんたちは、さよならパーティを開いてくれた。その前日、ユイさんは、

「Mr.TSUIKI、申し訳ない。あしたは仕事で、どうしても泊りがけの出張が入り、今日でお別れだ」と言う。

　確かに、そう言ったが、さよならパーティーの当日、シラット、シンランバ派の第 4 代継承の伝授式の最中、ユイさんが、突然、会場の入り口から

「Mr.TSUIKI」と満面の笑みでこちらに来る。

「ユイさん。仕事は？　出張は？」

「Mr,TSUIKI と仕事、よく考えたら、Mr.TSUIKI の方が大事だってことに気づいたんだよ」

　ユイさんは、帰りの車の中で、泣きながら替え歌で歌を歌ってくれた。

「Mr,TSUIKI、私たちは、あなたと友人だよ。日本にシラットを紹介してくれて、感謝しているよ。インドネシアと日本も仲良しだよ。Mr,TSUIKi、毎年インドネシアに来るんだよ。皆で待っているよ」

60歳、還暦近くになって、こんな青春時代みたいな体験が
できて、感謝である。

17日間の奇跡

　教頭職で、早期退職して2年半余り、教育委員会から、1本の電話が

「對木先生、12月の1か月間、実質17日間、非常勤で勤務していただけませんか？」

「ごめんなさい。教師からは、きっぱりと足を洗い、現在、カフェの資格の勉強と来年お店の春オープンをめざして、実家を改築中ですので無理です」とお断りした翌日に、現役の校長（教頭の時の同僚）から直接、

「頼む、17日間、来てくれ」

　と電話が

「わずか、17日間、俺がいったところで、何も力にはなれないよ」

　とまれ、再び小学校の教師として、教壇に立つことになった。

　子供たちは、7～8歳の2年である。

　久しぶりの学校である。小学校という所は、担任になるとそのクラスの子供たち。例えば40人なら、40人の子供たちと担任1人でかかわることになる。

　学級がうまくいっている時は楽しい。しかし、ひとたび指示が通じなくなったり、そこに親からのクレームなど舞い込んできた日には地獄をみることになる。

　なるほど、なるほど、5人の指示に従わない、無視した行動をする児童がいる。なかでもとりわけ目立つ子は、

「お前、誰？　なんでここにいる」とまで言う。

　かなり、手ごわい17日間になるな。と思った。この17日間を詳細に記述していくと、それだけで、1冊の書籍になってしまう。

　ともかく、おいら自身、どうなるのか正直全く自信のないスタートであったが、17日後のクリスマス・イブ、この5人の子供たちとクラス全員の子供たちとのお別れの日。子供たち全員は号泣した。

　何だ、この光景は。そう、俺が思い描いていた理想の光景であった。はっと、我に返り、後半の数分間を録画することができた。

　なんで、わずか17日間で、子供たちは変わったのか。未だに検証の途上にある。いくつか言えることは

○ 相手が7～8歳のこどもであっても本気で接すること。
○ 話しかけてきたら、必ず返事を返すこと。
（もう1つは、ある意味努力以前のことかもしれないが）
○ 子供がたまらなく好きであるということ。

　はっきり言って、子供が好きでない人は、教師にならないほうが良い。でも、好きなだけでできるほど甘いものでもない。

　うまい例になればと思うが、おいらの母が数年間特別養護老人ホームにお世話になっていたとき、親しくなったスタッフの石田さんに、

「なぜ、ここのスタッフのみなさんは、みな笑顔で、ご老人と
接しているのですか？」
「對木さん、小学校の先生でしたよね、子供は、好きですか？」
「子供が好き？　そりゃ、好きですよ」
「私は、嫌いですよ。對木さん、子供たち、何十人も集めて、
国語とか、算数とか教えちゃうんでしょ。信じられません」
　おいらもスタッフも、なぜかご老人の方の面倒を見るのが好
きなんだ。
　17 日間を共に過ごした若者から 1 通の手紙をもらった。

●松田陽向さんからの手紙

拝啓　對木佳史様
對木先生には、感謝してもしきれないほどの恩があります。
　一生忘れられない出逢いであると確信しています。それほどに對
木先生と過ごした 100 日余の期間は、衝撃的でした。
2017 年 12 月に對木先生は、非常勤教員として私が働く学校に
突如現れました。校長先生からの話によると、とんでもない型破
りな面白い先生であり、私と気が合うとのことでした。
そんな對木先生の第一印象は貫禄があり、一目見て凄い人だと察
しました。
たった 17 日間の職場でのつき合いでありながら、私の教師とし
ての道しるべとなりました。
對木先生が来られるまでは、自分のことだけしか考えない、力の
ある先生の顔色を窺い本心を隠して我慢してやり過ごす、そんな

関係が私も含め職員室に充満していました。当時の私は周囲と自分の価値観のずれや関係の希薄さから、自信を失い、下を向いて過ごしていました。

そんな中、拝見させていただいた先生の道徳の授業。実体験から語る本気の想い。今まで見たどんな研究授業よりも衝撃的でした。自分の苦しかった過去を認め本気で熱く語る先生を観たとき、あぁ僕がやりたかった教育は、これだ。僕がなりたかったのはこんな教師だったと強く思いました。

この人は、「本物の教師」であり、うわべで語る芯のない「The 教師」ではなく、本音で語る筋の通った教師でした。やんちゃな2年2組の仮担任として怒号をあげてクラスをまとめようとしていた私なんかより、わずか3週間ほどの、しかも午前中だけの関わりだけで、2年2組を子供らしい一つのクラスに仕上げました。驚くべきは、やんちゃな子供、問題児と呼ばれるような子ほど先生に懐くようになるのでした。荒れていたクラスは見る見る様変わりし。生き生きとした笑顔輝くクラスになりました。

3週間の午前中だけの先生だったはずなのに、別れの時には教室中が泣き声で埋め尽くされるのでした。

先生が去られた後も何とかして先生に追いつきたい、どうしたらこんな格好のいい男になれるのか知りたく先生の道場に通いました。しかし、結局わかったことは、先生がただ魅力的な人であるということだけでした。

誰よりも威厳があり、逆らえないような雰囲気がありながら、誰よりも接しやすく、一緒にいて居心地がいい。

堅苦しい職員室の空気と僕の気持ちが先生の一言でほどけていきました。

冗談が上手。笑った時と怒った時の表情のギャップ、子供に分かる言葉で話している、授業が分かりやすい。そんな長所以上に他の教師にはない魅力が先生にはありました。

それは、自分の頭で考えて行動すること。それは、相手が誰であろうと自分の想いを貫くこと。それは、自分の仕事だけでなく、同僚のことも助けられること。それは、完璧ではなく、弱さを見せられること。それは、強さを持ち合わせながら、弱さを知っていることでした。

そして、自然に何かを与え、自然と他人が何かしてあげたくなる、そんな魅力を持っていました。

私は、これから青年協力隊として、２年間ブータンという異国の地で人として教師として、もっともっとデカい人間になって帰ってきます。先生と同じように人との繋がりを大切に。

どうか、御身体を大切にお過ごしください。

Thank you for all you have done.　　　　　　　（松田　陽向）

カフェのオーナー＆マスターとして
（選挙の後援会会長＆特別非常勤講師）

　母が、特別養護老人ホームに入所して1年余り。おいらの歩行障害は、相変わらず。

　父と、これからのことについて話した。

「蓄えは、多少はあるが、お前は、これからどうする？」と。

「俺は、痺れはあるが、なんとか歩けるし、どうにでもなる」と。

　おいらは、父に

「俺も仕事をやめたし、蓄えがあるのなら、船で、3か月間、世界一周の旅にでも行ってきたら」と言うと、

「お母さんがいないと無理だ」と、わけのわからんことを言う。

「例えば、喫茶店、カフェなんかなら、できるかな？」と半分、冗談でつぶやいたら、

「それ、いいかもね？　お前ならできるかもしれないな」

　嘘から出た誠ではなくて、冗談が誠になった。すぐに、築70年の実家を取り壊し、実家の敷地内にカフェを併設した。

　建設に合わせて、おいらは、珈琲＆紅茶の資格を取るべく、飲食の勉強を始めた。整体も飲食も学校じゃ教えてくれない。

　とまれ、およそ1年で、4つの資格と飲食店の営業許可をとりつけた。

　そんな折、ある先輩が、

「ちょいと、俺の手伝いをしてくれないか？」と

「何をするんですか？」

「なあに、市議会議員に、立候補することにした」
「本当ですか、で、おいらは？」
「選挙には、後援会会長が必要なので、あんた、人前で話すの
好きだろ？　やってほしい」
　カフェのマスターも自分自身驚いていたが、とまれ、選挙の
後援会会長になり、人生はじめての選挙活動を体験した。結果
は、今一歩であった。
　この後、腰を据えて、カフェのマスター＆オーナー業務に専
念しようとしていると、教育委員会から、教頭の時の部下が来
店し、
「教頭先生、お店は、週何日の休業ですか？」
「2日だよ」
「あの、3日にして、助けてくれませんか？」
「どういうこと？」
「特別非常勤講師として、週3日、小学校に勤務していただき
たいのです」
「ほか、探せよ」
「お願いします」
　結局、おいらは、それから、週3日学校へ勤務し、週4日、
カフェの営業をすることになった。
　朝、目が覚めると、今日は学校？　or　カフェ？　休みなし
の日々である。
　カフェを経営するにあたって、元々口がすべった？　冗談か
らでた誠。カフェを経営していく自信など、からきしなかった。

しかし、偶然にもひょんなことから、おいらと同じように住居の敷地内でカフェを経営しているおじいさんと出会い、弟子入りさせていただいた。その師匠の忘れられないお言葉がある。

　おいらがある時、

「師匠、私は長年教師を生業にしていました。教師ほど、世間知らずで、潰しのきかないものはないと、時々聞きますが、私に飲食など本当にできるでしょうか？」

「あんたが、教師ね。珍しい教師だったのでは？　１つだけ、教えてあげるよ。絶対にお客にペコペコしないことだ。あんた、今まで、嫌な仕事も嫌な奴とも仕方なくした事もあるのでは？これからの人生、それじゃつまらない。私は、人間には５つくらいのパターンがあると思っている。私とあんたが人差し指としよう。同じ波長だから馬が合う。楽しい。だが、ここに小指の波長の人間が来たとする。するとそいつは、なんだか居心地が悪くて多分２度と来ない。ここからが、大事だ。さっきも言ったように、絶対にお客にペコペコするな。結果は、３年後に出る。３年たって常連客がつかなかったら、答えは簡単、飲食の経営が合わないのだから、やめればいい。客がいないのに、やっててもしょうがないだろう。反対に、自分の信念をくずさずに経営して常連客がついたら、それは、めちゃくちゃ幸せな人生が待ってるよ。その証拠が私だ」

　カフェを経営して、早、５年目。丸、４年が過ぎた。半分の２年間は、コロナである。

　経営は、本当に自分勝手にやってきた。計上利益は、とんとんである。

　師匠曰く、

「大したもんだ、嫌なことつらいことは？」

「べつにありませんよ」

「そうかぁ。普通、多少の嫌がらせなどあるんだが。マスターがあんただから、きっと何も言えないんだろうね」

　現在、5年目、メニューも一新して営業継続中である。

著者の経営するカフェ「茅風」

大腸癌 Stage 3ｃからの復活

2021年12月、おいらは大腸癌 Stage 3ｃの宣告を受けた。そうかぁ。おいら、死ぬのかぁ～。

結果は、1年経った今も再発はなく、完全復活を果たしている。これならば、また新たな闘病記が書ける。

下記に経緯だけを記す。進行性Ｓ状結腸大腸癌 Stage3c。

● 2021年

11/20（土）　Ｓクリニックにて、大腸内視鏡検査もＳ状結腸から先にカメラが通らず中止。
　　　　　　　Ｓ状に多量のポリープ？　癌？

11/24（水）　Ｓクリニックにて、Ｆ市民病院の紹介状を頂く。

12/ 1 （水）　Ｆ市民病院で、進行性Ｓ状結腸大腸癌 Stage3c
　　　　　　　の宣告

手術適応か、否か、6日（月）のCTと本院の大腸内視鏡で、再検査をします（肝臓、肺に転移の場合は手術不適で内科、放射線治療となります）

12/6（月）　　CT ＆大腸内視鏡検査（再び、カメラ通らず）

12/8（水）　　転移は、していません。ただ、まだ、いくつか
　　　　　　　問題が

　　　　　　　・糖尿病が、かなり問題になります。

　　　　　　糖尿病専門医と相談
　　　　　　（結果、通常より５日早い、入院となる：血糖安定）
　　　　　　　・腹膜播種の場合は、人口肛門で閉じ、内科へ
　　　　　　　・結合不全の場合は、半年ほど、人口肛門かも
　　　　　　　・腹腔鏡で、はじめるが途中、開腹への変更も
　　　　　　　　ありうる。

12/17（金）　　F 市民病院入院　西病棟 C670
12/18（土）　　採血
12/19（日）　　M.Dr.
12/20（月）　SGLT2 阻害薬
12/21（火）　腹部レントゲン
12/22（水）　手術説明（52 分）
12/23（木）　採血
12/24（金）　手術　（8:30 ～ 10:00　全身麻酔
　　　　　　　　　　　　10:00 ～ 14:30　手術
　　　　　　　　　　　　14:30 ～ 15:30　覚醒

12/25（土）　術後、激痛（眠・痛・嘔）　歩行（5歩）

12/26（日）　術後、激痛（眠・痛・嘔）　歩行（病棟1周）

12/27（月）　術後、激痛（眠・痛・嘔）　歩行（病棟2周）

12/28（火）　歩行（病棟4周）

12/29（水）　歩行（病棟8週＋1Fのコインランドリー）

12/30（木）　採血

12/31（金）　退院

　結果は、考えうる最高の形で、12月17日（金）に入院し、24日（金）に手術し、31日（金）大晦日に退院となる。

　数年前、息子の結婚式の親族代表挨拶で、人生まさかもあるからねと。両親・義理の両親がこの5年間で、相次いで旅立ち、順番でいくと次は俺か？

　まさか、こんなに早く。しかし、西洋医学に救われた。1/18を本来の命日として、大事に大切に感謝しながら歩んでいこうと思う。ありがとうございました。

　とにかく、主治医の話では、考えうる最高の形でのオペができたとのこと。昨年、手術を受けなかったら、間違いなく、死んでいたと。

　術後、はじめて主治医にお会いしたその日、2022年1月18日を本来の命日とした。

　今、おいらは、週1回の道場とインドネシア語講師、それ

に週３日のカフェの経営をしている。

　その合間をぬって、本書を執筆した。

『学校の先生になりたい』

　そんな日本社会の復活を信じて。

別府（鉄輪にて）

平塚市の音楽会

■別章（コラム）■

ふと思ったこと

第1話（職・専・免）職務専念義務免除て何？

　先生は、夏休みがあって、いいですね。

　ありますよ。5日間職。ただ、前は職・専・免（子供たちが夏休みで、学校へ登校しないから、教師も自宅で、教材研究などしても構わない）というものが確か7日位あって、5日と7日で12日。これに、年休を加味すれば、世間的には、先生にも長い夏休みがあっていいな。ということになったのでは？

　そんなに、日本の社会って、みんなと同じじゃなきゃいけないのかね？　そんなに、教師の夏休みが羨ましいのなら、教師になればいいじゃん。

　でも、これも過去の話。現在は、子供たちが夏休みの間に、これでもか、これでもかという位の研修が仕組まれています。それらの研修、本当に意味があるんですか？

第2話　1クラスは、60人からスタート

　教室の広さは、30坪です。戦後、1坪に2名で、1クラス60名からスタートした。今は、35名である。1クラス35名ということは、簡単に言えば1クラス35名以上のクラスがあっては、いけないということである。すなわち、ある学年の児童数が、71名であったら、その学年は、24名、24名、23名の3クラスになるわけである。

　1クラス、24名。おいらが教師になった時は45人学級で、おいらの学年の児童数は89名だった。だから、おいらが初めて、受け持ったクラスの人数は、44名だった。

　じゃ、今の先生は、子供の人数が少なくて楽だねぇ。ところがどっこい、そうは問屋が卸さない。（古い言葉だね）はっきり言って、今のが大変である。

　善悪をぬきにして、事実をお伝えすれば、６０人学級の昔、子供たちは、皆きちんと席に着席していた。まだ、小学校で、教えてもいないのに、自分の名前くらいは、何故かひらがなで書けた。教師に叱られれば、理由もわからず、親にも叱られることが多かった。

　子供たちにとって、理不尽なことが多かったような気がする。早く大人になりたいと思ったものである。今は、何故か、子供が羨ましくなってくる時がある。お子様である。

第３話　残業手当がほしいくらいだ

　サザエさんではないが、午後６時に家族そろって夕ご飯なんて、夢のまた夢である。

　数年前、某新聞に「教員にタイムカード導入」という見出しが一面に出た。

　やった、これで給料増えるぞ。

　だって、その時、おいら、普通の学級担任してたけど、毎日、

夜の9時前に職員室を退出したことはなかった。1日の残業時間が4時間として、20日で、80時間。1時間1千円の残業手当として、月に残業手当代だけで、ざっと8万円になる。もちろん、夢で終わった。どこかで、気づいたのだろう。とんでもない支出になることを。

　ということで、おいらたち公立学校の教師は、残業時間換算の残業手当などないのである。もっとも、1万数千円の一律の手当はあるが。毎日、5時に帰宅できれば、そんなものはいらない。

　尤も、ほとんどの教師は、お金のことなど考えずに職務を全うしているのが現実である。

第4話　復活してほしい県外出張

　昔、2年に1回、県外出張というものがあった。確か2泊3日で、おいらも3回ほど経験した。

　青森県、新潟県、京都府の研究発表のおこなわれている小学校へ行った。今、そんなものはない。思い起こしてみると、3日間、自分のクラスを自習にしていくわけである。もちろん、隣のクラスの先生などが、時々は見にくるのだが。

　今こんな出張ないが、大体、自分のクラスを3日間、自習にして出かけるなど、想像もつかない。

第5話　駐車料金は、自腹

　20年ほど前から、学校敷地内に車通勤している教職員の車を止めることができなくなった。

　理由を聞くと、学校敷地内は子供たちのためにあると。車通勤するなら、敷地外の民間の月決め駐車場を借りることになった。駐車代は、自腹である。そのくらい手当で出してよ。バスや電車での通勤は全額出るのに。しかも、バスや電車では、午後からの出張など、4時間目が終わってからでは、間に合いませんよ。

　そういえば、20万円もするワープロもみんな自腹で買って持っていた。一太郎なんて、やってたら、民間に努めてる友人に、先生って大変だねって、同情された。

第6話　大抵、校長は、来年度の希望学年を第3希望まで
　　　　　アンケートで聞くが、結局は、固定化される学年

　昔は、力がなければ、高学年を受け持たせてもらえなかったらしい。

　現在は、高学年を希望する教師が少ない。

　40数年前のTV番組の「熱中時代」でも、ある男の先生（秋野大作）が、トイレで「あ〜あ、また、2年だよ。俺、いつになったら、校長に認められて、高学年の担任をまかされ、卒業

生を送り出せるのだろう」と言っていた。

　おいらなんか、見てくれは強面かもしれないが、低学年（1・2年生の子供たち）が大好きで、1週間もすれば、よくなついてくれるのだ。いつも、希望アンケートをとってくれるから、1年2年3年と書いて提出したが、ある学校の7年間は、5年→6年→1年間の休職→5年→6年→5年→6年。

　校長と校長室で話し、問いただすと、

「君に高学年を受け持ってもらうと、安心でね」

　おいら、校長先生を安心させるために高学年の担任をしてるわけ？　だったら、高学年手当位出したら？　と思う。

第7話　学級経営困難学級は、往々にして、着任教諭が担任になる。

　今度は、どの先生が担任になるのか？　子供たちも親も大変気になるところである。裏を返せば、教師も今度は、どの学年のどのクラスを受け持つことになるのか、大変気になるものである。

　ある学校に勤務した時、教職員男子ロッカーで毎日のように言われた。

「先生、大丈夫ですか？」

「先生、きょう、何も問題ありませんでしたか？」

「私のクラス、去年何かあったんですか？」

「あったのなら、あんたらが、受け持ったら」

　往々にして、昨年問題のあったクラスを転任者に受け持たせることが多いようである。

第8話　教員に限ったことではないようであるが、モンスターに怒らない、怒れない管理職が多いようである。

　とにかく、よく頭をさげる。（ペンギンみたいに）話をじっくりと聞く前から、頭をさげつづける。事を無難に過ごしたいようである。

　おいらも、教員最後の4年間、管理職であったが、教頭職という仕事の書類処理の尋常でない多さには、辟易したが、対、親に対しては、ペコペコなんぞ、しなかった。

　「地獄の教頭」という題名のコミックがコンビニで販売されているのには笑った。購入して読むと、真実が良く描写されていた。

第9話　おいら、講演会、乗っ取ったよ！

　長年の教員生活で、強烈に残っている思い出がある。

　午後、子供たちが下校してからの出張であった。

　各校2名出席の警察の方が講師の安全教育であった。途中

から、護身術の話になり、みなさん、席を立ち、後ろで実技を
しましょう。ということになった。その実技の内容があまりに
も、現実離れしているので、我慢ならず、
「もっと、意味のある研修してくださいよ。そんなんじゃ、護
身術で使えませんよ」
「では、君がやってくれ」ということで、後半の講演は、おい
らが話しまくった。

　橘先生と参加したので、彼が証人である。

第10話　4:00〜4:45が、休憩時間て何？

　昔、教職員の勤務体系は、「4時15分、退出保障」というの
があった。どういうことかというと、おいらたちには、昼休み
がない。給食を子供たちと食べるが、それも給食指導という仕
事である。だから、昼休みの休憩の45分間を退出時間の5時
から45分さかのぼって、4時15分を退出保障時間となって
いた。これが問題になっていたようである。

　学校の先生は、5時前にスーパーにいるとか。ほとんどの先
生方は、5時に帰れるなんてめったにないのにね。

　でっ、正規の退出時間の5時から1時間さかのぼって、4:00
〜4:45を休憩時間にし、何と4:45〜5:00を勤務時間にした
のである。5時までは、学校敷地内から、出さないように。

　漫画みたいな話だが、でも事実である。

第11話　リモート、指導主事が行えばいいのに！

　コロナで、子供たちも学校へ登校することが、難しくなってきた。一般企業もそうであるように、子供たちもリモートで授業を受けるようになったと聞く。

　教育委員会には、指導主事と言われる方がいる。学校研究などで、各学校の先生方の授業を見て、指導をしてくれる。

　市の子供たちが皆、指導主事から同じ授業を受ければ先生方にとっても勉強になるだろうし。

　各教科担当の指導主事の方が、授業されたらと思うのは、おいらだけだろうか？

第12話　やめていく教師たち

　おいらは、民間企業から教職の世界へ転職した。民間を経験して、教員になったことをずいぶんと評価された。

　おいらの時代、やめていく教師は、ほとんどいなかった。

　最近では、1年と過ぎずに教職を去っていく若者がかなりいるようである。何故だろう？

　最近のTVのCMを見ていても転職の勧めのようなCMを多く目にする。

　どんな仕事をしたって、理不尽な事は、たくさんあるよ。石の上にも3年。おいらは、もう、古い人間なのか。

第13話　最後は、好き・嫌いかな？

　好き・嫌いに理由などない。

　人生、長年生きてきて振り返った時に最近しみじみ想うことがある。好きなことをできた人生が幸せなのではないかと。

　おいら、天気の良い日にハイキングに行こうと言われても、まず行かない。何故って、嫌いだから。それに対して、暑かろうが、寒かろうが、毎週道場に通う。何故か？　好きだから。

　究極的な理由は、これしかないと思う。だから、好きな事に出会うことが大事だし、出会えたら、それを飽きることなく続けていく事が真の幸せにつながっていくのだと思う。

後輩・橘 道夫先生からのお手紙

●栗原先生のお言葉（30頁）
あなたも、これから、10年、20年と教職の道を
歩んでいかれれば、きっとあなたを慕い、あなた
の話を聞きにくる次の時代の若い先生がおられる
でしょう。
それが、この橘先生である。

2006年4月、1人の青年が新採用教諭として本校に赴任された。背が高く足の長い爽やかな感じのする青年である。彼が、橘先生である。

　歓送迎会の時、司会のおいらが橘先生を紹介すると、彼は、「對木先生のような方に、先生と呼ばれるとは光栄です」とまず挨拶をした。若者らしからぬ世辞の旨い男だというのがおいらのその時の印象である。

　おいらは、5年生の担任、彼は、2年生の担任。彼が、赴任して、1か月余、おいらは、彼の初任者研修で、人権教育の授業を彼に見せることになった。

　通常、自分の学級の授業を公開するのであるが、おいらは彼に2年生の彼の学級で授業をさせてくれるようお願いした。何故か、その方が新採用の先生にとって、より良いと考えたからである。この授業で、彼は、泣いていた。随分と感受性の鋭い青年だと感じた。

　この授業の後である。彼から、一通の手紙を受け取ったのは。

　その後、10月より毎月のように彼からの手紙を受け取ることになる。彼は、おいらより20歳も年下の後輩である。

　子供たちは、自己有用感を求めている。大人だって同じである。自分が存在する意味、必要性、そんなことを感じられたら、人は、人のために生きていかれる。

① 拝啓　對木佳史様

「教師から最も遠くにいるようでいて、実は最も教師らしい人」

これが、對木氏を形容する言葉として最も適していると思っていました。しかし、日々の對木氏に触れるにつれ、對木氏を形容するこんな言葉が浮かびました。

「いばらの道を、口笛を吹きながら疾走する人」でもあろうと。そして、いつか読んだ本のこんな言葉を思い出しました。

「犬に骨を一つやるのは、慈善ではない。犬と同じように自分も飢えている時に犬といっしょに骨を食べる。それこそが慈善だ」

なぜ、こんな言葉を？　それは、對木氏が、常に「何かを与える人」だから与えようとする人だから。それでいて、それは恩着せがましくなくとてもスマートだ。そして、その機たるや、瞬時である。そのバックボーンを詮索しようとは思わないけれど、今いる對木氏は、瞬時に何かを与えようとしてくれる人なのです。それが「温かい」と思うときもあれば、「有難い」と思う時あります。

人は、余裕がないと、人を助けられない。でもそれは、言い訳にしか過ぎない。眼の前に悲しんでいる人がいて、苦しんでいる人がいて、それを自分の仕事があるからと、見てみぬふりをすることなど本当はできない。けれど、この学校現場では、そうしたことがよくある。何よりも優先すべきは眼の前にいる「子供」のことのはずなのに、責任や体制や制度が邪魔をしたりする。

對木氏は、我がクラスで一度授業をして下さった。珍採用の私は、その一度の授業で、對木氏にこのクラスを乗っ取られるかと思いました。また、たびたび我がクラスのピンチ君やピンチさんを助けて

もらいました。もはやこれは偶然ではないのでは？　と思うくらい。

　その度に思うんですよね。「ああ、この人は、眼の前で苦しんでいる人を、何も考えずに助けようと動ける人なんだ」と。むしろ、気づいたら助けていたといったほうが良いかもしれない。だから、発言や言葉に言い訳や後ろめたさがない。からりとしている。その強面から、見間違えている人はいるかもしれないけれど、僕はもう知っていますから。對木氏は、本当の意味で、「強く、優しい人である」と。

　毎日のように行われるパワハラも、珍採用の居場所を作る優しさであると。子供以上のいたずらも、可哀そうな珍採用を慰めようとのせめてものユーモアであると。最後に格闘物にとても抵抗がありましたが、對木氏のパソコン画面を見るたび、机の横にあるグッズを見るたび。「燃えよドラゴン」を見てみようと思いました。これは、私の中で起こった奇跡です。その奇跡に感謝しながら

（2006 10 14　橘　道夫）

② 拝啓　對木佳史様

　自分の歩いてきた道を、何のためらいもなく、気負いてらいもなく、語れる人はそう多くいない。またその道から学んだことや感じたことを、誰にでも分かる言葉で伝えていくことのできる人もまたそう多くいない。對木氏はその稀有な人。コミニュケーション文化が、日本人のそれっぽくないのもまた對木師。言いたいことはいう。「まあまあ」を許さない。議論の方向性を明示する。議論に意味をもたらす。意味や価値を見出すことの難い会議が、對木師の一言で

幾度意味のあるものに変わったか。

　できるなら、たとえ「忙しく」とも、ただの「報告」であっても、そこに温かい感情がこもったものになってほしいと無味乾燥な会議を通して思うこのごろです。（お前がやれと對木師は言うでしょう）

　5年3組の子供たちに、あれから何度となく「この間は、バスケットを教えてくれてありがとうございました」と言われました。何度となくですよ。それもその後1週間くらいたっても。「ありがとう」は僕も大切にしている言葉です。だから、子供たちにも大切にしてもらいたい。先生のクラスの子供たちは、大切に使えていますね。

　なぜそうなったのかに興味はあるけれど、それは、職員室の会話を聞いていればよくわかります。「ありがとう」「ごめんなさい」を最も多用しているのがその子らのドン對木師だからです。ドンの背中を見て育つ、ありがとうを言えるこどもたち。

　研究授業を見させて頂きました。あの研究授業へ臨むのに、1つのテーマをもたれていました。「指導案通りの授業をやる」1時間の手術をするのに、50時間のシュミレーションをする医師の話もしてくださいました。授業は、前日の夜の特訓（笑）の成果もあって、シュミレーション通りに進んでいたように思います。そして、僕も師の狙いがわかっていたので、子供たちの思考に熱い思いをもって迫れることができました。

　多分、子供たちは、いつもより多い制限の中で不自由を感じながらも、それでいて「集中している」自分に気づいたのではないでしょうか。對木師のスタンスは、子供の「挑戦する気持ち」をかきたてるところにあります。それを挑発することでかきたてる。寄り添う

でもなく子供の視点に立つでもなく、あくまでもドンとして、子供の挑戦を受けてたつ。そんなスタンスを感じました。けれど、そこに安住していないのが師。研究授業の後に佐々木先生と話されていたのを見てしまいました。「学ぶこと・聞くこと」に恥を感じない。珍採用にとっては当たり前。でも師のようなベテランにはそうできるものではない。多分それは、プライドの置き所が違うからなのだと思います。對木師のプライドは、もっと違うところにあるのだと。そんな色々を感じた研究授業でした。ありがとうございました。

　「教師から最も遠くにいるようでいて実は最も近くにいる人」そして、「かつて茨の道を疾走した。今は自らでその道をさらに険しくしている。相変わらず疾走は変わらないが、今は口笛を吹きながら疾走している。それも悠然と歩いているかのように。でもそのことに誰もきづかない。

③ 拝啓　對木佳史様
　對木氏を形容する言葉はいくつも存在する。それは、あなたが多面体だから。あなたの行動を見ていれば、形容はいくつも浮かぶ。例えばあなたは、とても腰の軽い人だと思う。「人を助ける」とか「人のために何かをする」に「よっこらせ」という間がないのだ。たぶん本人も気づいたら動いていたといった感覚なのではと思うほど。だから、その行動を「親切」と言うのが重く感じてしまう。それほど軽く人のために動ける人を私は他に知らない。そこに、損得やら利害といった人間関係にしばしば登場する「邪心」を感じない。それは、純粋であるから粋であり、そして、純粋であればあるほど、

逆説的に力をもってしまうのだろう。

　また對木師は「無から有をつくりだすことを自らの行動原則にしているようだ」会議の途中、不毛な議論に陥りがちなとき、對木師はあらわれ、発言し、その無を有に転換してくれる。「無と有の媒介者とでもいいましょうか」ああ、よい時間になったなと思わされたことが幾たびもあります。そして、多分自らも、「どうせやるのなら、有意義なものにしたい」と考えられているのではと思うのです。

　話し方が変わりましたね。声も変わったのではないでしょうか。それは、行動や考え方、大げさに言えば、生き方も変わってきたことと同義だと私は思います。会議の発言もそうですが、對木師の話し方、意見、声は、論議が優先されているように思います。完結で、明瞭、ただ、深い。だから、あまりついていけない。そして、感情は、「雪見だいふくの皮」のようにもっちりと、さりげなくて、でもそこが１番おいしいとばかりに、やさしく包まれている。でもそれは、言葉をよくとっていかないとわからない。それがとれない時もあるから、その時、その声は論理だけとなり、冷たいものとなってしまう。「皮のない雪見だいふくは、ただの冷たいアイス」どんな言葉か？それは、子供の視座に立とうとする言葉。「俺が子供だったらね」

　これが對木師の口上によく登場する。ここに私は、對木師の感情を感じる。對木師は、常に「子供の視座」に立とうとしている。それは、我々、「大人が決して入り込めない世界」厳然と存在する「子供の世界」入るのにあこがれ、時におびえ、おそれる。昔、自分もいたのに、今は忘れている世界。たぶん、對木師はそことこっちを行き来している。その往来が旅慣れた旅人のように、装いも質素に、

荷物も軽く、力を抜いてできるから、仕事といえどプロなんだろう。そんなプロに私もなりたい。そして、仕事以外の「極める」道を、仕事とリンクするような形で、無限大に広げていきたい。

　二十代がいない職場に私は嘆かない。同期がいる職場よりも価値のある「プロ」がこの職場にはいる。そうした職場にいれることに感謝しながら。　　　　　　（２００６年12月12日　橘　道夫）

④　拝啓　對木佳史様
　師は、今頃あの寒く、凛とした空気が張っている稽古場で己が道を高みへと追求していることだと思います。僕が体験させて頂いたのは、ちょうど一月前くらいになるでしょうか。太極拳の発生・伝承・考え方に興味があったので、それを古きに習い、鍛錬されていると伺い、体験させて頂きました。足の運びや体重移動・呼吸・姿勢など素人ながら真似てみようとしただけで、その奥の深さに足を突っ込んでよいものか畏怖するのでした。

　中途半端な関わりは、中途半端な心情を呼ぶと思っているので。けれど、道場に集う人は、はじめての私を温かく、親身になって迎えてくれました。集団は、ある個性に集まって出来上がると私は思っています。なので、集団の雰囲気は、その個性に似ていると思うのです。

　その個性が、拳水会という集団においては、對木師であると。その個性に集う集団は、温かく、親身でありました。對木師の写し鏡であると。

　師が語る武の道は、淀みなく、浪々としています。それは、一道

164

場の舞台を見ているようです。語り部とは、こういう人のことを言うのかと。好きこそのレベルを遥かにしのぐ座にいると思わされました。そして、師の道場での立ち振る舞いは、また集団のレベルとは次元の違う座にいるようでした。ただ、そこは、武の道なのかと。道場に集う人のレベルの差など超越してしまう価値がそこにはあるのでしょう。師が己の道だけを求めるなら、独りの稽古で十分なはずです。

　けれど、道場をつくられる。そこに毎週必ず通う。そこに、師はどんな価値を見いだしているのでしょうか。人間ですか？　仲間ですか？　それとも他の何を？

　あの道場には、色々な方がいますね。年齢、性別、取り組む姿勢、それぞれがそれぞれの価値を追求している感じがしました。その一致を必要としないところが武ですか？　だとしたら、武に集う集団は、僕にとってとても興味があります。けれど、年配の方々がそれぞれの気を発しながら、武の高みへ向かう姿勢とその生活は、静謐で、淡々としていて、今まで感じたことのない雰囲気でした。

　バスケットボールの価値は、ボールを通じた関わり合いにあると僕は考えています。言葉を介さない関わり。ボールを介した関わり。武の関わりとは？そして、武の快とは？

　今度の手紙は質問ばかりになってしまいました。本当は、学級経営、ねらいにせまる手だて、女子への対処、上からものを言わない附属での実践等々聴きたいことは溜まることを知りません。求めるものをもつ者を師というならば、道場でも師となられる對木師は、道場に集う人々の求めるものをもっているのではないかと思うのです。

師が師でいつづけるために必死に生きているのでしょうか。疾走の陰に最近見えてきた「必死」さを最近、なんとなく感じます。この方は、プロだから必死さを見せることは恥。けれど、「必死」。あまりに太く凄まじい過去は、今現在の生き方と言葉に自ずと力が籠るのだと。その過去に甘んじることなく今現在も必死に生きている。否、生きていること自体が奇跡なのかもしれません。けれど、師は、生きているだけではない。生きているだけで凄いのに、新たな価値を創り出している。創り続けようとしている。

　その価値に少しでも触れたいと思い、たぶん師の近くには人が集まるのだろう。けれど、師が新たな価値を創るのをやめたとしても師から人は離れない。ただ存在しているだけの価値というものを人間は本能的に感じるからだ。けれど、私は、願う。師が生き続ける限り、新たな価値を創造されることを。

　　　　　　　　　　　（2007 年 1 月 12 日　橘　道夫）

⑤ 拝啓　對木佳史様

　「正直に生きている人だな」と最近、よく思います。その正直さは、皆がどこかで「ああいう風に生きたい」と思っているもの。でもそういう風にはできない。正直は、時に身勝手にも自己中心的にもなる。だから、頼られる。正直に言ってくれる相手を人は信じるから。だから、子供にも大人からも、「誰にも言えない」相談を受けるのだと思う。傷つけないようにとか、これからの関係を考えてとかいう打算を抜きにして、何かを言ってくれる。そんな人を人は求めるのだと思います。そして、對木師の生き方、関わり方の根本は、正

166

直さにあるような気がします。

　僕にも言ってくれましたね。

「俺なら教室にあの子を置いておかねえな」

「俺なら、一人の子にあれだけのエネルギーをかけるな」

　どちらも僕に響く言葉でした。そして、それを言われることで何のしこりも残らない。むしろ有難いと思える。言い訳もその時の状況も説明する気にすらならない。正直に言ってくれた、真心のこもった言葉だから。そして、クラス経営に関しては治外法権でもあるのかといったくらい、他のクラスの経営に直接何も言わない職員室の中で、對木師は、面と向かって、正直に自分の思いを伝えてくれた。僕の中にあった「これでいいのかな？」という不安の一つに指針をもらえた。そして、人の正直な言葉に対して、それを素直に受け止められる心の在り方でいたいと思った。そう思わせてくれた。

　言葉の力は、その人の持つ雰囲気やそれまで築いた関係によって変わってくる。けれど、對木師はそうした既成概念を飛び越える。飛び越えるような「正直さ」を持っている。そういう人間性を持っている。不思議な人だ。稀有な人。

　授業やエピソード、クラスの子供たちの表情を見ていると、親だけでなく、子供の気持ちもしっかりとひきつけている。四苦八苦しながら何とかひきつけているのとは違って、俺は何にもしてねえよって顔でひきつけているからにくたらしい。（笑）というか、悔しい。雑談も「おしん」のビデオの話も、学校では教えてくれないことなんだろう。だから、子供は、感動する。学校の先生があまり教えてくれないことを教えてくれる人を子供たちは、尊敬する。正

167

直いって、僕もそういう教師になりたい。

　對木師の職員室滞在時間が長くなって、僕は嬉しいです。色々な話が聞けるから。叱り方の話もしてくれましたね。僕は、今「2年生を叱る」ことに一つの危惧があります。それは、「叱られなれてしまう」ということ。この間の6年生の話を聞いてより一層強まりました。「大切なことを伝える一つの手段として叱る方法を取ることで、やがてそれに耐性ができてしまった子供たちが、大切なことを学ばなくなってしまうのではないかという危惧」
そんな危惧を抱えながら、学年末、3年生になる子供たちを相手に、叱る毎日です。でもその時に付け加える言葉がある。「みんなが6年生になっても」という言葉。

　地区の先日の研修で、「1年をふり返って」というテーマでの話し合いで、こんな事を話ました。
「うちの学校には2年目、3年目の先生がいません。僕の上は、40代の先生です。でもうちの学校には、答えを持っている人がいます。それが正解かは分かりません。でもその人なりの考え方を持っている人がいます。その人は、僕の疑問や質問に、応えてくれます。応えようとしてくれます。簡潔に、分かりやすく、くどくなく、力をもって。だから、僕は、困っていません。同じ年代の人がいないことを寂しいと思っていません。むしろ、そうしたプロと一緒に仕事をすることができる、話を聞くことができる、そうした機会に恵まれたことをとても幸せに思っています」と。ちょうど、對木師が、僕に職員会議の休憩について教えてくれた後の研修だったと思います。そして、今日の研修では、こんなことを書きました。

「異学年との交流を通常授業で行うことの大切さ」思えば、對木師
は、最初から、他の先生方がやらないことをやってのけてくれまし
た。そんな姿勢や行動、そして、「同じことをやるな」「子供は毎年
変わるのだから、書くことが変わるのは当たり前」何気なく、会話
の中で発せられる言葉が、僕の教師としての骨格を作っているよう
な気がします。

　正直な對木氏は、また誰とでも近く接しようとします。あの近寄
りがたい黒石先生や校長先生をいじくれるのは對木先生くらいで
す。そして、職員室に「笑い」をもたらしてくれる。よい雰囲気の
職場からしかよい仕事は生まれないと僕は思っています。それは、
教室もそうだと思います。誰とでも近く付き合う對木師がいると職
員室はそういう雰囲気になる。俺に頼るなという声が聞こえてきそ
うなのでもうやめますが、敢えて書きます。

　なぜ書くか？　僕もそうなりたいからです。

　最後の言葉はもう決まっているんです。對木師との出会いや会話
やエピソードを色々な友人、家族に話しました。誰もがこう言いま
す。「出合えて良かったね」と。だから、最後の言葉は、これにしたい。
「邂逅」　そして、その「邂逅」をきっかけに、これからも師から
多くのものを盗んでいきたいとおもっていることをここに記しま
す。　　　　　　　（一週間遅れの　2007・3・19　橘　道夫）

⑥ 拝啓　對木佳史様

　對木師の持っている距離感覚は、稀有だと思う。そしてその感覚はある基準に基づいている。軸・信念と言ってもいい。そして、對木師はそれを言語化できる。感覚を言語化できる人もまた稀有だ。それだけ内的なものに敏感な方なのだろう。その距離感は、對木師の使う言葉でたまに分かる。對木師は、１許した相手に10許す人ではない。常にある一定の緊張感をもって人と接している。どんなに心を許した相手にもそうなのではないかと思う。それは、100パーセント相手に心を許すということだ。つまり、「なれあい」という関係を創ることがないということだ。だから人とのかかわりが「からり」としていて気持ちがよい。自分の軸を持っている人はいる。けれどそれは、独り善がりになりがちだ。また人を遠ざけるものであったりする。反対に對木師のそれは、冬の日の焚き火のように誰もが手をかざしたくなるような温もりを持っている。その温もりの中で皆自己を開放し、心地よい関わりを持つことになる。けれどそれが、「なれあい」に発展しないのが、對木師の距離感覚。それは、鋭敏であり、厳しくもあるけれど、相手を恐れさせるものではない。相手を包み込むものである。少なくとも私はそう感じている。だから、関わりが心地良く、刺激的でありながら、マンネリ化していくことがない人間の原子的レベルで対等に接しているように感じる。こんな若造に。きっと、子供にもそうなんだろうと思う。そうした心座に敏感な子供はそれに気づき、對木師に触れるんだと思う。

　對木師の言葉は具体的だ。抽象的な言葉でごまかすことがない。こちらの抽象的な思考に具体的に応えてくれる。だから、對木師の

言葉は、残る。「その人を否定してはだめだ」「こなしてはだめだ」「学校・社会・家庭」「ねらいを常に頭にいれておく」・・・・

　言葉と行動が一致しているという意味で正直だ。この間、堀内先生にカップラーメンを勧められたとき、「もう食べてきたからいいです」と言った。何のうしろめたさもない。何も隠そうとしない。あまり食べたくないときに、物をすすめられたときに、からりと断れる人なんだと思う。それは、この表裏の激しい教員世界ではなかなかできる処世ではない。人間性といってしまえばそれまでの、原始的な魅力なんだろうと思う。對木氏の行動には後ろめたさがない。それは、師がよく言う「人にどう思われてもいい」というところ。言行完全一致。恐ろしい人だ。

　對木師の顔面は、多様だ。本当に多様な顔面を持っている。表情とは言いたくない。顔面と言いたい。何が違うの？　と問われるだろう。表情はつくれるもの。顔面は現れるもの。對木師という人間を表す場合、表情をつくるというよりは、顔面が現れると言った方が合っている気がする。話をしていて、本当に多様な顔面をされるなと思う。それは、多様な心の現れでもある。嘘、偽りのないその多様な顔面を見るたび、安心する。人間らしさを見たようで。なぜかほっとする。そんな日常が異常なのだろうけど。人間っぽい言葉もおかしいけれど、師は最も人間らしい。それはつまり、最も現代人っぽくないとも言える。その人間らしさを創造を絶する修練で繋ぎとめてくれている。これほどの矛盾がなぜこれほど完成されて統合されているのか本当に不思議だ。何かを貫こうとすると、どこかに綻びが生じ、そこから崩れていくのに、對木師の貫きは深化し、

171

統合される。それは内的な鍛錬によって保たれているのか。

　對木師は、学校を最もゆっくり歩く人でもある。仕事・日常・休日生き方そのものは突っ走っているのに、呼吸と歩行はゆっくりである。その外的印象と内的世界のギャップを整えるかのように。多分、對木師の内的世界は、およそ常人では生き抜けない原理原則でできあがっているに違いない。多分、そこを極める修行を毎日の生活で行っているのだと思う。誰も知らない、また、孤独な修行。当たり前のレベルを高める修行。師の当たり前は、普通の人の限界かもしれない。そんなことはおくびにもださず、優越も感じず、苦しい様子をまったくみせず、独り黙し、独り人間性を高めている。聖人とかそういう意味ではなく、他者から与えられる評価ではなく、對木師が對木師に与える評価。満足感。それが自己満足に終わらないのは、師の信念が常に刃として突き刺さっているのを感じるときがあるからだ。まったく恐ろしい人に出会ってしまった。その出会いを最大の幸福と感じている二年目。けれど、最後の一年。私も仕事だけでなく学びたいと思っています。

（2007 年 5 月 3 日　橘　道夫）

⑦ 拝啓　對木佳史様

　對木氏の行動原則は、とてもシンプルだと思う。「現象に素直に反応する」それは、子供に似ている。けれど同じではない。どこが違うか？反応を自分の軸と照らし合わせる時間がある。一瞬だけれども。そしてそこからでてきたものを相手に伝える方法を吟味する。伝わるという意味で最良の方法を選ぶ。その方法は多岐に渡る。そ

172

こに、師のこれまでの経験をみることができる。8歳の子には8歳の最良を、12歳の子には12歳の子の最良を對木師は選ぶ。28歳の若造の最良も、23歳の新任教師への最良も、定年間近の女性教諭への最良も。このあらゆる立場の人間の思慮に近づけること、これが私にとっての對木師の凄みである。28歳の若造と3,4時間をあっという間に過ごせるおじさんはそういない。小6の子供を持つ親と遊べる教師はほとんどいない。というか聞いたことがない。けれど目の前で見てしまった。そして、「遊べばいいんだよ」と口にするのを聞いてしまった。對木師は根に戻る。森を見ている。でも落ちた葉っぱの下にいる幼虫のことも気にかけている。けれど、根を忘れない。

　私の最大の興味は、その軸がどのように形成されたのか。あらゆる立場の人間の感情にどのようにして近づけるのか。その人間の思慮にその人間が伝わるような方法をどのようにして選ぶのか。伝えたい言葉や概念、考え方、哲学をどのようにして培ったのか。それらの発想がどこから生じるのか。と尽きることがない。

　對木師の軸に触れることができた瞬間、私の悩みは軽減される。だから、思うのだ。對木師は、「方位磁針」のようだと。地図も正解もない子供との関わりの世界で私は、よく迷子になる。そうしたとき私はもろくなる。色々な実践や手法、言葉に敏感になり、その選択基準が曖昧化する。けれど、どの実践も手法も言葉を選んで使っても、子供には届かない。簡単にスルーされるのがおち。眼の前にいる子供は一人として同じではないからだ。それをいくたびか繰り返して、私は頼ることを極力避けるようになった。そして、頼り方

を変えた。私は、尋ねるようになった。盗むようになった。自分の感覚を信じて。信じられる相手に。盗める実践をされている人から。一人として同じではない子供の世界にいるということを身体で知っている人に。

⑧ 拝啓　對木佳史様
　對木師は、大人の身体をした子供のようだ。だから、大人の身体をした大人とは、だいぶズレがある。分かり合えることは少ない。子供の世界のことを大人に知ってもらうために大人の身体をもった子供。立場でものを言わなかったり、自分を守るためではなく、他者のために怒ったり・・・むしろ、どちらかというと子供の世界の住人だ。でも見てくれは恐い。それは、子供があまりにも分からずやの大人に怒っているようでもある。よく見ると優しい顔をしている。そして、よく笑う。それよりもよく笑わせる。多分、大人の世界の住人に子供の世界を知ってもらうための遣いなのだと思う。だって、子供といる時の方が断然楽しそうだから。というか、子供より子供らしかったりする。子供と大人に子供らしさを教え、子供にやがて大人になるための「大人」を教え、仕事が増える一方で大変そうだ。大人に大人の世界を教えてくれることもあるし・・・
　對木師と公私に渡り多くの時間を過ごさせてもらっている。けれど関係はマンネリ化しない。軽蔑量が増えることはない。かといって、存在が遠くなることもない。崇拝するようなこともない。ただ、「師」である。けれど、堅苦しいものではない。気持ちよく、弟子をやらせていただいている。破門されることはあっても、破門され

174

たいとは今のところ微塵も思わない。なぜか？そこにも對木師の軸がある。

　對木師は、生きることに真剣だ。だから、研ぎ澄まされている。よどみなく、静かに。そして、ある一定の適度な緊張感がある。けれど、それは冷たいものではなく温かいものだ。だから、人が集まるのだと思う。「緊張感があるのに、温かい」その適正距離を對木師は、何をもってして」保っているのか。「礼」だと思う。使う言葉や、態度、ふるまいに相手との距離を調整する「礼」が入っている。だから、ゆるむことはあってもゆるみきることがない。他者の領域に侵入することがない。その距離感覚は、真剣のように、研ぎ澄まされている。「礼」をもって。一瞬の攻防に常に身を置いている武道家だから持ちうるのだろうか。否だと思う。その礼は生きている。そして、温もりをもっている。そんじょそこらの武道家がまねできるものではない。それこそが對木佳史という人間の核なのではないかとすら思う。生きてきた過程で作り上げた軸、背骨。それは真似できるものではない。私は、近しくさせて頂いている。多分、對木師への侵入度合は、子供なみにたかいのではないかと思う。はっきりいって甘えさせてもらっている。大人では体験できないレベルだと思う。そして思うのだ。その距離感覚こそが對木師の真髄だと。なきものに憧れる人間だから、私が勝手に思っているだけかもしれない。けれど、その感覚は私にとって「師」と憧れるのに充分。

　五十幾年の歳月で培った経験から自分の軸を作り、その軸に正直に反応しながら「礼」をもって他者との関係を調整し、その適正距離の中でできるだけ多くの「楽しみ」を創造し、人人に、子供の世

界を知ってもらうために、子供の世界と大人の世界をいったりきたりしている人。たまに、子供の世界にいすぎて、大人の世界に戻れない人。

⑨　拝啓　對木佳史様

　文体も装丁も意味すらもとっぱらって書き殴ってやろうと思い、重い腰を上げてようやく手紙に取り掛かる。とはいうもの、頭の中ではいくつかの分を組み立てる作業が先週から行われていた。いや、正確にいうと、話し込んだ日には、必ず。関わったときには必ず。日常を言葉にする作業は、特別な何かがないと行われることがない。對木師との関わりからは特別なものが生じる。だから、言語化も必然と行われる。それは、日記や友人との話となって私の宝箱にストックされる。だから、文にはなるけれど、章にはならないと言った。手紙にして伝えるほどではないと。けれど、對木師の強い思いを知るにつけ、今の對木師を言葉にしてみようと思うようになった。宝箱をもらっているお返しに。

　言葉にしたい特別な何かが生じるのは、いかに関係が砕けようと変わらない。関係は、安定するものでも当たり前のものでもなく、いつかなくなる稀有なものだ。そうであればあるほど、人はその人との関わりに、求め、吸収しようとし、理解しようとする。何かを。現にクラスの不安や教師としての振る舞いに疑問が生じたとき、私は、對木師との関わりを求める。答えが欲しいからだ。對木師は、自分の経験を語る。そして、自分の考えを語る。それだけでよいのだ。それだけで、私には一つの指針が見え始め、安心する。そこに

176

代わりはいるのか？そこに代わりはいない。現在。なぜか？経験が違うからだ。私は指針を照らすに足る経験をしていないからだ。

特異な経験としてそれを伝える力が尋常ではないことは多く語ってきた。今回は、その伝える場面が少しでも具体化できればと思っている。

對木師のキャッチフレーズ。「ヤクザになれる純粋な少年」純粋な心を持った教員は沢山いるのではないだろうか。けれど、そこを持ちながらにして、ヤクザになれる人は多分少ない。逆もしかり。ヤクザみたいな教員もいるだろう。でも純粋さを大切に保存している人は少ない。ヤクザって何だ？「理不尽な要求を相手が誰であろうとつきつけられる」この世に中には、理屈で説明がつかないものが多い。「なぜそれはよくてあれは悪いのか？」「なぜいまそれをやらくてはならないのか？」子供たちが、やらない理由を探し始めたとき。「やってみて後から分かることもある」などという、つくろったうさんくさい言葉よりも、一つの喝のほうが断然説得力をもつことを知っていて、現のそれをやってしまえる勢い。気合。集団を動かすのに、一喝が力を持つときは確かにある。けれど、ただの良い心、良い教師は、そんなときも良心に従おうとするのだ。嫌われないようにするために。そんな良い教師にしてみれば、對木師は、極道。ヤクザだ。ヤクザな對木。

師の口癖。「おまえらよ」「そんなもの屁でもねえ」「そんなもんは気合だ」多分それは気合ではない。気愛だ。そして、「ピシー」などの擬音。「いいか」という前置きプラス人差し指を立てる。

そんなヤクザな先生は「最近やってみてよかったと思うこと」と
いって自分のクラスで話をしたことや、試みたことを気負いなく、
てらいなく、教えてくれる。そこに教えようという特別力の入った
感情がないからこちらにもよく届く。構えずに聞きながら、いつの
まにか待ち構えている。前のめりになってくる。手法に飢えている
から、すぐに試してみる。それがまた試してみたい手法なんだ。こ
んなためになる、実践的な２年次研修は、全国どこを探しても行わ
れていない。それもレバニラつき。よくばりドリンクまでついてく
る。
　いいたいこともいえない関係の中で、てめえの本心を腹に抱えた
まま、耳障りのいい言葉をいくら打ちはなっても、子供には届かな
い。跳ね返されるのがおち。そして、関係はより冷たくなっていく。
對木師はその対極。いいたいことを言う。でもそれで終わらない。
その後の変化を責任をもって見続ける。それが對木師のスタンス。
その代わり、ほんとうに細かいことを言う。こちらが辟易するほど。
ただ、その後のちょっとした変化も見逃さず、とりあげ、認めてく
れる神経も繊細。やり遂げた後は、しっかりと認め、褒めてくれる。
過程も含めて。子供にとっても、ほんとうに細かくて、うるさい親
父だと思う。小姑くらいの勢いで。でも、本音で関わっているから、
届いている。對木師に怒られた後の子供が掃除の時間も暗いのがそ
の証拠。
　色々な現象や事象を見る視点を持っている。国際関係学でいう、
理論というやつ。真っ暗な現実に光を与えるスポットみたいなもの。
いつだったか、応援の話をクラスでしたという話をしたら、「いい

ね。そこに嘘がないから」と言った。うちのクラスの子供と少し戯れた後に一言。「四月と変わったな」恐ろしい親父だ。給食の後に寝れるくらいだもんな。この現実との距離感はなんとも説明しがたい。自分なりの視点を持っている。それが稀有なのは、経験の差か。言葉にして届けるのもけた違い。引き込まれる。8月の保健の研究。ゲストへの問いも良かった。心理の研修。喘息の話からした問いにも引き込まれた。ほとんどの人は聞いちゃいなかったけど。また始まったと思っている人もいるだろうな。もったいない。そうそう、真髄を見極める目をもっていないと、誤解されやすい性質でもある。印象と内面のギャップが日本海溝くらいだから。そんなもの、顔に刻まれた皺や、一つ一つの筋肉や、千変万化する眼をよく見れば感じられるのに。對木師の顔は、象に似ている。顔に歴史ありという点で。ただ、對木師は、象とは違い、黙っていない。

「丸をつけたことは認めてよ」この言い分も独特な視点の例えになる。そんな言い分をもってこられたのは初めてだ。理解してほしいという思いからか。その思いをうっちゃることなく真摯に向き合い、常識で片付けず、丁寧に伝えようとする。まったく、何時代の人だ？そうそう生きている時代が違うような気がする。流れている時間や、大切にしているものや、何を大切に生きているかが、違うから。ただ、對木師の生き方は懐かしいのだ。よくわからない、感覚的なもの。多分、幕末の武士たちと過ごすことができたら、その時代はきっと對木師と過ごした時間に似ているんだろう。そんな感じ。

　最近の對木師を言葉にするのは、そろそろおわりになるかと思う。今まで流して書いてきたら、前の方はどんな感じだろう？　また、

点が多いだの、接続詞の使い方が違うだの、根堀り葉堀り言われるんだろう。でも多分、今回のが一番軽いぶん、伝達度は上がっている予感。そうやって、最近の對木師を言葉にしてきた。分を章にしようと記憶を探り、気づきを言葉にしてくると、色々出てきた。そして、職員室での関わりや、子供との関わりをみるにつけ、ぴったりの言葉が見つかった。

　對木師は、「バラバラなものを結ぶ人」であると。

　象のような顔をして、無邪気に感情と向き合い、時にヤクザになって、バラバラなものを結ぶ。価値の提言はいつも言っているとおり。でも提言だけでは終わらないのがみそ。そんなやわじゃないよ。しつこいよ。そして入念だよ。繊細だよ。大胆だけど、ナイーブだよ。だから、その価値に触れようと、バラバラなものたちが集まる。夏休み、職員室でビリーをやる学校はない。校長がその後ろ前をあたふたしている構図もありえない。そして、その理由づけがふるっている。

「応援の練習です」何だこの人？どこからもってきたんだ。そうそう大胆の裏には、いつも忍者のように俊敏で政治的な自分や周りを守る味方を用意してくれているのだ。そこに甘んじて、大いに楽しませてもらっている。来年からが今から恐い。でも最後には、応援に入れ込んでしまうのだから、やっぱりヤクザだ。「最近、やっと６年１組が俺のクラスらしくなった」という。それは多分、バラバラなものが結ばれてきているってことだと思う。それにしてもあれには笑った。奥川が去った後の、大あくび。やっぱり象さんだ。公私共にフル回転。それでも、象さんは、ゆったりと、そんなせわし

なさをうっちゃりながら、堂々と闊歩する。なんなんだこの人。奥ゆかしい。あと半年ではとても物足りない感じが今からありありとしている。　　　　　　　　　　（2007 年 10 月 8 日　橘　道夫）

⑩ 拝啓　對木佳史様

　言葉の前に、感情があります。それを相手に伝えたいとき、感情は言葉になります。特に手紙は、電話やメールと違って残るものだから、残したいと思うから、慎重に丁寧に、言葉を選んで組み立てて、この感情という形のないものに私なりに形を整え、相手に届けたいと思うのです。

　だから、その過程と行為から既に他のツールと一線を画すのだと私は思います。それだけ手紙は私に中で特別なもの。私は手紙を書く。届けたい感情が生じたとき。性別を問わず。けれどこうした交感に抵抗がある人もいる。一方で、こうした交感に価値を感じている人もいる。對木師はこうした交感に価値を感じている人だと思います。だから私は、手紙を書く。

　この 1 月、子供と関わる時間を共にしながら、私が一番感じたのが、この「価値」。對木師の信じる価値と私が大切にしたい価値は似ているような気がしました。子供の話の中に、對木師の大切にしているもの、大切にしてほしいと願うものがつまっていました。そして、子供のように私もそれを聞いていました。新米教師として盗むべく聞く一方で、私人としての私が聴いていました。

　私には、価値がバラバラなこの時代に、価値を伝える意この仕事に就く者として、何を伝えたらよいかという漠然とした不安があり

ました。あの時、對木師が子供たちにする話を聴きながら、私は、安心したのです。私が大切にしたい価値を数十年にもわたって伝え続けている人がいるということを目の当たりにして。少なくともあの時私の眼の前にい對木師は、伝えようとしていました。時代によって変わっているようにみえる「大切なもの」けれど、その中には、変わらない「大切なもの」がある。そしてそれは、今の子供にも通じるもの。いや、今までよりもより大切にして伝えていかなければならないもの。

　何が大切で、それをどう伝えていったらよいか。その軸のぶれを感じていた私から見ると、對木師の軸はぶれることないように思いました。価値に絶対はないけれど、この方の信じる価値への重み、大切にする心意気を身近に感じながら、私は、安心しました。礼や義、責任、やさしさ、おもいやり。何か古臭くなってしまっただからこそ大切なものを伝えようとしている人がいる。

　そこに重みや心意気を感じるのは、對木師の礼や義、責任、やさしさ、おもいやりが、私が今まで生きてきた社会の人たちが持っている人のものとは「違う」からだと思います。よりシンプルで飾り気がなく、ストレートで、さりげない生き方になっているということです。無理がないということです。多分、日本社会に生きる人のそれとも違うのではないでしょうか。日本人と言ったほうが良いかもしれません。大げさに言えば、對木師と関わる時に、私は、對木師の中に日本をあまり感じません。日本という言葉もまた誤解を与えそうです。人と関わるときに感じる日本的なわずらわしさを感じないという意味です。遠慮や腹の中のではというようなわずらわし

さです。そんなものはとっぱらってしまえと思っている私は、それを地でできている對木師を稀有な人として仰ぎ見るのでしょう。日本人の大切にしてきたものを大切にしながら、それを日本人らしくなく生きている人だと思うのです。だから「違って」、その違和に心動かされ、その違和を言葉にしようとするのだと思うのです。

　多分、對木師にとってそれは当たり前のことなので、「別に何も感心されるようなことじゃねえよ」と言われるでしょう。でも、多分、對木師の周りに人が集まるのも、對木師のクラスの子供たちが「気持ちで応えようとしてくれる」のも、職員室でかなり変な人と思われているのも（笑）、学校に集う人、それも縁の下の力もちの人たち（本当はもっと大切にされなければいけないのに、大切にされていない人たち）とフランクな関係を築けるのも、盲目的な当たり前を、偏見だと言い、それを覆せるのも、（ランチルーム、給食のこと）そうした視座で對木師が生きているからだと思います。

　そうした「優しさ」が「忙しさ」によって失われていく職場は冷たいものになってしまう。そこで、優しさが生まれなかったら、子供に優しさは育たないでしょう。僕が、この間日直をしていたのは、気づいたら動く、自分がやれることをやろうという意識からでした。そして、對木師としょっちゅうコソコソ話をしている、精神的にまいっていても戦い続けているあの先生への僕なりの「優しさ」です。最後は、笑いにしたかったので、對木師の命令でと言ってしまいましたが（笑）對木師のように、自然にできないから。まだまだ生き方になってないんです。

　對木師に伝えたいことがもう１つあります。對木師の話ぶりや、

話には、心と言葉にズレがないですね。でもとげがないですね。温もりがあります。ファクトを並べているのにエピソードになっている。話の順番、並べる言葉、選ぶ言葉、色々な要素があると思うのだけど、その並べ方、選び方、伝え方が他と「違う」だから、聴いてしまう。事務的になりがちな職員会議なのに。よくしてくれる雑談も、聞き入ってしまう」何かがある。形容詞が少ないのに分かり易い。短いのにおもしろい。ただの出来事も對木師が並べるとストーリーになる。そこを盗むべくまた聴かせていただきたいと思っています。　　　　　　　　　（2008 年 2 月 11 日　橘　道夫）

特別号「教頭になった、ついキングへ」

　手紙と自分が大好きなついキング。この 2 年間のお礼に仕方がないから、送ります。

「この人、本当、人間っぽいなー」この 2 年間のついキングを見ていて、何度も思った。やりたくないことになるとすぐに弱音を吐く。本当は、臆病なのに、強気になってものを言う。自分のやりたいことになると、とことん力を発揮する。周りのことなどおかまいなしに、自分のペースに巻き込んでいく。そして、「俺は、すげーだろ」って自慢する。本当に大きな子供。でも、それが、とても人間ぽくて、たまらない。

「この人かわいいなー」と思ってしまう。

　もう一つ思ったこと。それは、「やっぱり、俺はついキングの影響を凄く受けているな」ということ。ついキングの言うことをスポ

ンジのように吸収していたあの頃を思い出した。でも、今は、武道でいうところの守・破・離の破や離のところ。だから、この2年間、言うことをきかなかったのだと思う。師匠を超えるために、師匠の教えを破り、師匠とは違う世界を築こうとしているのだと思う。新採用の時代、「ついキングの影響を受けすぎだね」と言われることは、本当に嫌だった。俺は、俺でやろうとしているのに。影響は、受けたけど。俺とついキングは、ちがうのに。ついキングとは、違う世界を築こうと頑張って数年たった今は、ついキングの言葉を借りれば、「そんなの屁でもねえ」けど。

　教頭になっても、ついキングは、今までと何も変わらずに、俺と関わってくれた。俺のために、よかれと思って、いろんなアドバイスもくれた。それは、すごくありがたかった。そうやって、心の底から、自分が思ったことを、真剣に伝えてくれる人は、いないから。人は、生き方をなかなか変えられない。それは、ついキングのそう。いや、むしろついキングの生き方は、変えられないような生き方だ。だって、自分がやりたいようにやっているんだから。教頭になっても変えられなかったくらいだから。それで2年間、やってこれちゃうところもすごい。それに対応する周りが大変だったんだろうけど。でも、そんな周りの連中をパッと見まわしてみると、そんなついキングを慕う人も何人かいる。ついキングの考え方や生き方に影響を受けている人もいる。こう書くと、ついキングはきっと、「誰が、どんな影響をうけているんだ？」って聞いてくるだろうけど、教えてあげない。ついキングが岡山に来て、また一緒に仕事ができるなんてことは、天地がひっくり返ってもないと思っていた。きっと、

俺たちは、前世でよっぽどの因縁があったんでしょうね。

でも、この 2 年間は、とても大変だったけど、自分の師匠に自分の成長した姿を見せることができたり、ダメだしをもらったり、支えてもらったり、励ましてもらえた。とても楽しい 2 年間でした。改めて、お礼を言います。本当にありがとうございました。

（2013・3・29　橘　道夫）

おわりに

　子供主体ということばがあるが、私は、教員生活で、自らが、子供たちに提示したものが2つある。それは、学級目標とクラスの歌である。

　○ できるまで。やってみよう！　～元気・根気・勇気～
　○ こいぬ

　何十年振りにおいらのカフェを訪れてくれる教え子達のほとんどが、覚えているし歌える。継続は力なりである。

　最近のTVといってもあまり見ないが、どうにも転職のすすめや、移住関係のCMや番組が多い。

　私の感覚でいえば、どんな仕事、職場であっても多少なりとも理不尽なことなどあるし、石の上にも3年という諺があるように、時代は、変わったといえばそれまでだが本当にスマホが出現してからの世の中は、日本のみならず、世界が大きく変わってきている。

　良い事、便利なこと等、本当にたくさんある。が、その反対に人々の心が、どうにもぎすぎすしてきている気がしてならない。

　私がこの書で読者の皆さんにお伝えしたいことは、一言、「教師という職は素晴らしい職です」素晴らしいって、楽なの？

　とんでもない。時には、子供たちの事で思い悩み寝れなくなり、睡眠導入剤のお世話になったり、自分の家族のことなど全く無視して連日午前様の帰宅となることもある。

　時は過ぎ去れば皆、良い貴重な思い出としてくれるようで

ある。

　教師の仕事は、創造的な仕事である。このような創造的な仕事は、他にあまりないようである。

　家庭・学校・社会という言葉がある。

　この1世紀、100年、否50年前の日本の社会と現在を比べるなら、学校は、それほど変化しているとは思えない。1番変化したのは社会であり、家庭である。戦後我が国日本は、すさまじい成長をとげ、欧米諸国に追いつけ追い越せ、気がついたら、追い越していた。しかし、そのことと引き換えに目に見えないもの。心を喪失してしまったようである。

　私は、日本が好きである。柔術や居合、柳生心眼流等の武道を嗜んでいるように古き良き日本が大好きである。でも、現在の日本は、正直あまり好きではない。確かに物質的には豊かで便利な社会にはなった。

　だが、どうにもつまらない。例えば、私の経験でいえば、後進国であろうインドネシアの方がインドネシアの人々、子供たちのほうが、間違えなく目が輝いているし、生き生きしている。なぜか？　心が豊かであるからだと私は想う。

　心の豊かさとは、物質の豊かさとは比例しない。むしろ、反比例するのかもしれない。

★本文にある名称は、ほとんど仮名である。

【出版書籍 & DVD】

書　籍
　◎インドネシア拳法シラット（基礎編）
　◎インドネシア拳法シラット（応用編）
　○自然治癒力の実証
　◎最高の名医は、自分自身
　◎不審者対応 inJAPAN
　◎おいらの夢は、学校の先生
　　（◎は、紙の書籍と電子書籍）

DVD
　○インドネシア拳法シラット（入門編）
　○インドネシア拳法シラット（実戦編）
　○文部科学省選定 (社会教育成人向) 作品
　　現役教師がおくる誰にでもできるワン・ポイント護身術
　○對木佳史の正宗太極拳

對木佳史（ついき・よしふみ）

1957年、神奈川県茅ケ崎市に生まれる。神奈川県立伊勢原高等学校。明星大学人文学部社会学科を卒業。東都信用組合、町田支店得意先課として1年弱勤務後、自主退職。玉川大学の通信課程にて、初等教育免許を取得し、1982年教員採用試験に合格し、神奈川県公立小学校教諭となる。1986年から政府派遣教員として、ジャカルタ日本人学校へ海外赴任。1992年、横浜国立大学教育学部附属鎌倉小学校教官となる。1999年、東京大学にて、第50回・日本体育学会発表「PENCAT SILATにおける身体技法体系」2003年、早稲田大学にて、第4回スポーツ人類学会発表。「プンチャック・シラットにおける伝統と競技化」2012年より教頭職を4年務めた後2016年（57歳）で、早期退職。現在、実家を改装し、カフェのオーナー兼マスター（café KAYAKA 茅ヶ崎駅北口徒歩3分）として経営しながら、インドネシア語講師や道場の運営等を行っている。

おいらの夢は、学校の先生！ できるまで、やってみよう！ 〜元気・根気・勇気〜

2023年2月11日　初版第1刷印刷

2023年2月23日　初版第1刷発行

著　者　對木　佳史

発行者　恩藏　良治

発行所　壮神社（Sojinsha）

〒102-0093　東京都千代田区平河町2-2-1-2F

TEL.03(4400)1658／FAX.03(4400)1659

印刷・製本　エーヴィスシステムズ

ISBN 978-4-86530-067-3　C0095